WORLD CLASS

ワールドクラス フットボール トレーニング

FOOTBALL TRAINING

Leigh Manson / Total Football
リー・マンソン / トータル・フットボール

WORLD CLASS TRAINING BIBLE

ワールドクラス・トレーニング・バイブル

海外トップレベルのスキルとスピリッツを日本に

ナイキ・エリートトレーニングは世界のサッカーを知ることのできる
ハイクオリティなプログラム。
世界のトップレベルにおいて実施されるトレーニングメソッドによって、
個人、チーム、コーチをフルサポートしている。
エリートトレーニング・ライブと呼ばれる活動では
中学、高校生年代のチームへと出向き、
個性溢れるコーチ陣が全ての選手に上達の門を開く。
また、年間１万人以上の日本の中高生との関わりによって、
トレーニングメソッド自体もより現場に即したスタイルへと
日々、進化を続けている。

本書は、ナイキ・エリートトレーニングのコーチをつとめる私が
これまで培ってきたトレーニングメソッドを凝縮して再構築し、
一冊にまとめたものだ。
読者がここから様々な刺激と気づきを得ることを、
願ってやまない。

NIKE ELITE TRAINING COACH
Leigh Manson
リー・マンソン

ナイキ・エリートトレーニング・コーチ。スコットランドに生まれ、スコットランドリーグでプロ選手、コーチとして約 20 年の経験を持つ。技術面だけでなく、試合に近い状況、テンポのあるトレーニングで選手のモチベーションを上げ、サッカーに対する姿勢を変えさせる指導方法に定評がある。トータルフットボール株式会社取締役。

WORLD CLASS TRAINING BIBLE

CONTENTS

本書は、2010年8月15日現在のデータをもとに制作しています。

GO FOR IT

トップレベルに学べ

良い選手となるためには、どんな技術を身につけ、
どんな気持ちで戦いに挑めばよいのか？
世界トップレベルのピッチで結果を残しているプレーヤー、
クラブにそのエッセンスを学ぶ。

ウェイン・ルーニー
（マンチェスター・ユナイテッド / イングランド・プレミアリーグ、イングランド代表）

The Model Professional

プロフェッショナルのハート

ウェイン・ルーニーは世界的スター。
彼のサッカーを愛する気持ちが彼を輝かせている。
朝トレーニングに行き、上手くなるために自分を追い込む。
彼は仲間との冷やかし合いも、勝つための練習メニューやミニゲームも、
全てを愛している。
彼は練習中よく自分のチームメートに、かかってこいとふっかけている。
彼は勝負の場面ではきちんと集中もする。
2010年、親善試合で行われた日本対イングランドの試合は良い例だ。
闘莉王がドリブルで抜けていった時、
ルーニーは彼を追いかけて後ろからタックルした。
その時の彼のメッセージはこうだ。
「そうだよ、今夜の俺たちのプレーは確かにひどい。だけど戦うし、挑戦し続けるし、諦めない」
ルーニーはチームのためにしなければならないと思った事は必ずする選手だ。
ストライカーだからといって、ペナルティーエリア内でボールを待つだけのような選手ではない。
チームが勝つためならば、フィールドに生えてる全ての芝を踏みつぶすように走り狂うだろう。

Enjoy your training.

ルーニーのように、練習と試合を楽しんで。

Be The Best You Can Be

最高の自分であれ

クリスティアーノ・ロナウドは現在のサッカー界における
最高のドリブラー、シューターだ。
彼はマンチェスター・ユナイテッドに入団した時から
自分を最高作品にするために努力してきている。
以前は、ディフェンスを翻弄させる事はできたがその後、
ミスパスで終わらせてしまったり、コーナーで囲まれてたりしていた。
だから、彼はセンタリングとパス、そしてシュートを磨いた。
これらが彼の驚異的なドリブルとスピードに加わり、今の彼がいる。
これは、長所を伸ばすだけでなく短所を克服するために
努力をするプロ選手の良い例。
現在、リーガエスパニョーラで活躍するロナウドは、
ユナイテッドで活躍し始めた頃、こう語っていた。
「マンチェスターでは多くの若い選手が成功しているんだから
僕にだってできるだろ？僕がまだ若いという事は心配してない。
むしろがむしゃらにぶつかっていく良い動機になる」
「いつだって、自分が最高の選手でありたいと思っていることを
隠そうとした事はない」
練習に必ず持って行くべき「最高の自分であれ」という習慣。

クリスティアーノ・ロナウド
（レアル・マドリー / スペイン・リーガエスパニョーラ、ポルトガル代表）

アンドレス・イニエスタ
（FC バルセロナ / スペイン・リーガエスパニョーラ、スペイン代表）

The Conductor And The Orchestra

指揮者とオーケストラ

アンドレス・イニエスタは FC バルセロナとスペイン代表で中盤を務める。
彼はボールを左右にさばくことができ、なかに切り込むこともでき、
中盤で自由に動くことができている。
彼は指揮者だ。
試合を的確に読み、パスを出し、試合を運ぶことで他の選手にプレーの指示を出す。
パスを受ける時、必ず体を開き、前を向くため、
敵がポジションを修正する前にパスを出すことができている。
その直後、彼はもう一度ボールをもらいにいくモーションに入るのだ。
これが、敵よりも先に試合を読むということ。
長い距離を動くのはボールでいいのだ。
身長は 170cm、体重 65kg なので日本人の体型に近い。
日本のミッドフィルダーがカンプ・ノウでプレーをするのはそんなに難しいことか？
イニエスタは素晴らしいパスやボールコントロールの技術を兼ね備えている。
これも日本人が持っているものだ。
どうやってパスをするかだけではなく、
いつどこへパスをして、サポートするかという、
「ゲームを読む力」が彼を指揮者にする。
そして彼のいるチームは、美しい試合を運ぶオーケストラとなるのだ。

マイコン（インテル / イタリア・セリエ A、ブラジル代表）

It's Always your Turn

自ら動き出せ

2010年、南アフリカの地。
ブラジル代表のサイドバックは敵陣ゴールライン付近から弾丸シュートを決めた。
マイコンだ。
君はどうだ？
いつまでも指示を待つのではなく、
自分から動き出すのがサッカー。
何かを起こすのは自分。
守ったら次は攻撃。
いつまでも出番は続いていく。

Bite It

ひたすら闘え

闘将とは、行動力や闘志が盛んであることを指す。
リーダーシップをとるためには行動力が伴っていなければならない。
カルレス・プジョルはまさにこれを体現する。
闘う守備者だ。
FC バルセロナの試合で過去、こんなことがあった。
バルサのゴール前、1 対 1 の場面で GK が飛び出したがボールはこぼれた。
そこに走り込んでいたのは敵のサイドバック、ロベルト・カルロス。
強烈なシューターだ。
間もなく、至近距離からの強烈なシュートを止めたのはプジョル。
迷いなくゴール前に走りこみ、自分の顔でボールを止めたのだ。
その後、もうろうとしながらも、自分の顔から跳ね返ったボールを探したプジョル。
まさに闘志と行動力をピッチ上の全員に見せつけた瞬間だった。
一人がさぼって組織が崩れ落ちる。
その瞬間に敵の攻撃が加速して一気に失点に繋がるというケースはよくある。
エリートと呼ばれる選手たちは「ほどほど」という言葉を知らない。
常に全力で戦えるよう毎日のトレーニングでも手を抜かないのだ。

カルレス・プジョル
（FC バルセロナ / スペイン・リーガエスパニョーラ、スペイン代表）

Be Japanese

"日本人" を見せつけろ

自分の極限にチャレンジしたら、
当然失敗も起こるだろう。
失敗が起これば
自分自身と向き合う。
その時、強い自分を信じる。
殻を破って本当の自分で勝負に挑め。
日本人らしい強さ、
そして自分らしい強さを見せる時だ。
遠慮してる暇なんて、ない。

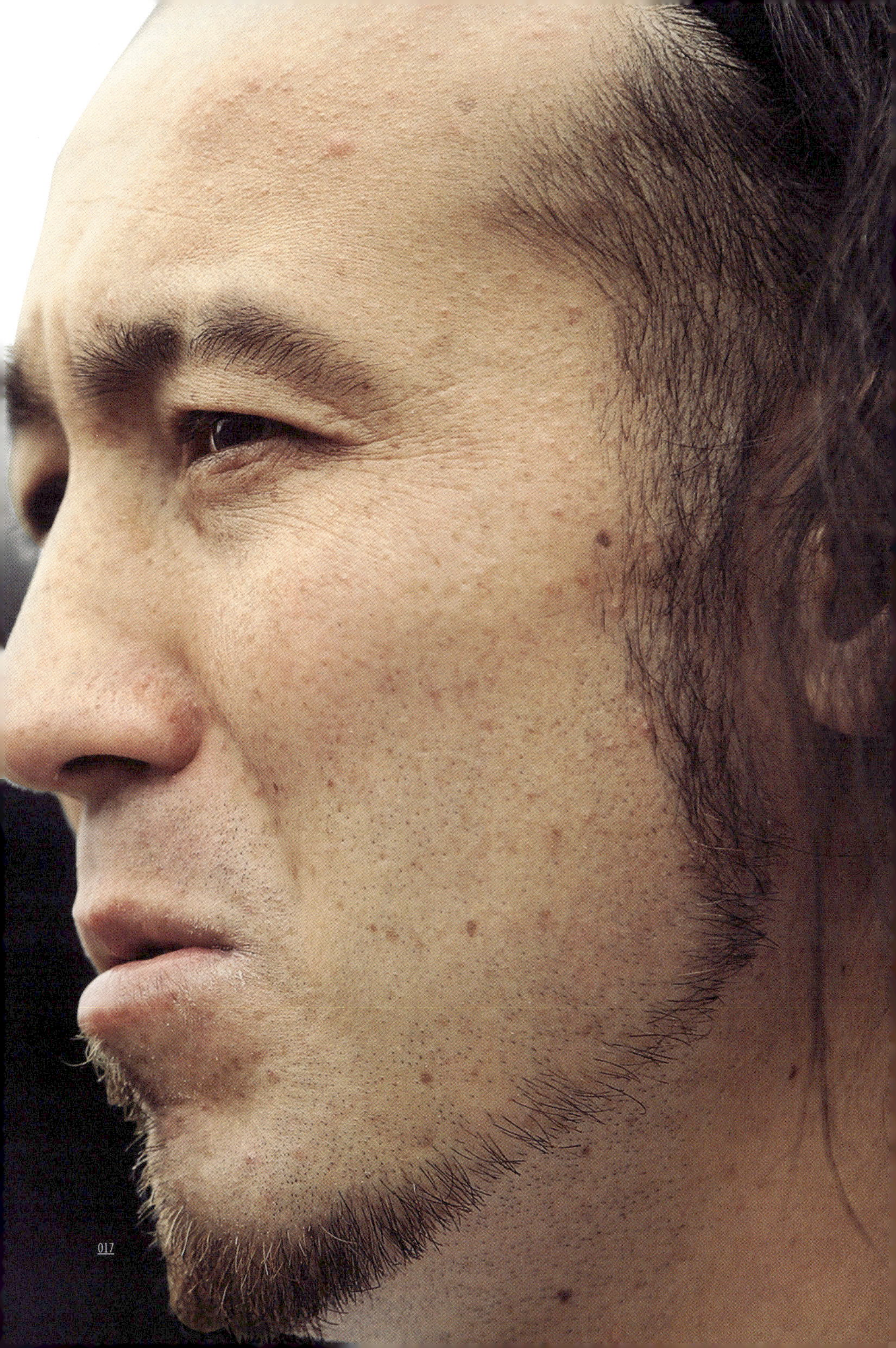

ティム・ハワード
（エバートン／イングランド・プレミアリーグ、アメリカ代表）

His Personality Is An Ability

個性は能力でもある

GK はただゴールに立って、守ればいいというものではない。
アメリカ代表ティム・ハワードは
強い個性と決断力だけでなく、
相手のプレーを先読みして
味方に伝えていく能力に優れる。
2010 年、南アフリカの地ではイングランドと対戦。
敵 FW との 1 対 1 でも
巨大な壁のように立ちはだかった。
その存在感は時に、1 人以上の重みを持つ。
彼の存在によって、
11 人のチームが、
12 人分の力を持つこともあるのだ。

Let The Ball Move

ボールを支配せよ

「多くのファンは、僕たちの美しいパス攻撃、そこからのゴールを目にしているが、
ボールを奪い返すためのハードワークは見落とされている」
FC バルセロナの選手達は言う。
彼らの勝利の哲学は、攻守に渡ってボールを支配すること。
なぜならこのボールがゴールに入ってこそ、勝利を手にできるから。
そしてボールを支配するには、ハードワークも必要不可欠である。
ボールは人より速く動くことができる。

ボールは人と違っていくら動いても疲れない。
それゆえ、ボールを動かす。
しかし、ボールより速いものもある。
それは選手の判断だ。
つまり、こうすればいい。
めまぐるしく変化する状況において、素早く判断し、ボールを動かす。
ゴールへの道は必ず開ける。

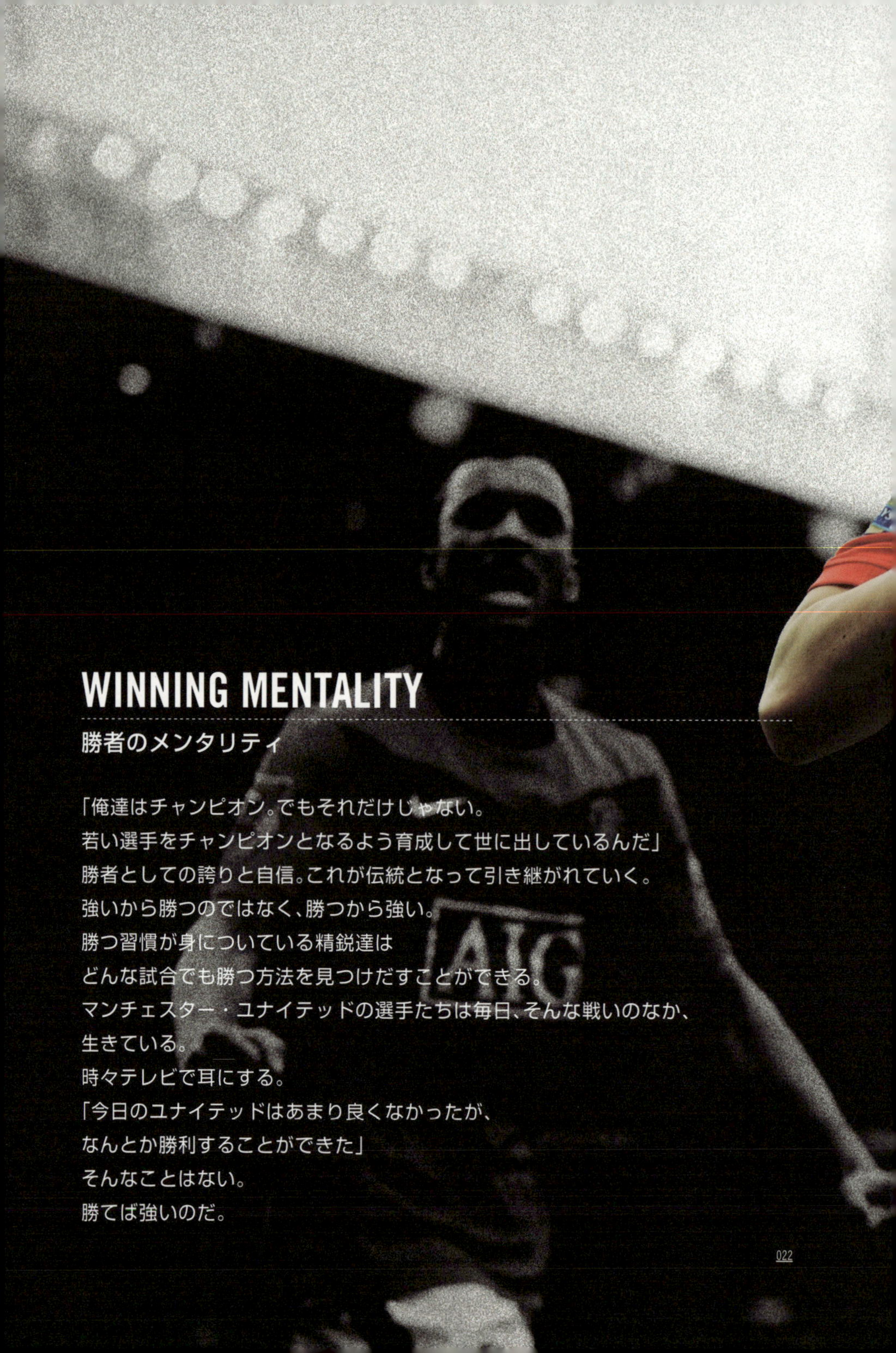

WINNING MENTALITY

勝者のメンタリティ

「俺達はチャンピオン。でもそれだけじゃない。
若い選手をチャンピオンとなるよう育成して世に出しているんだ」
勝者としての誇りと自信。これが伝統となって引き継がれていく。
強いから勝つのではなく、勝つから強い。
勝つ習慣が身についている精鋭達は
どんな試合でも勝つ方法を見つけだすことができる。
マンチェスター・ユナイテッドの選手たちは毎日、そんな戦いのなか、
生きている。
時々テレビで耳にする。
「今日のユナイテッドはあまり良くなかったが、
なんとか勝利することができた」
そんなことはない。
勝てば強いのだ。

パク・チソン
（マンチェスター・ユナイテッド / イングランド・プレミアリーグ、韓国代表）

Speed & Beauty

速いものは美しい

確かな守備から相手のボールを奪う。
その後数秒で、
敵のゴールネットにボールを突き刺してしまう。
これがブラジル代表のサッカーだ。
そのスピードは、切り替えの速さ。
足の速さだけで片付けられない巧さ。
コンフェデレーションズカップの
グループステージ、対アメリカ戦。
２点目はアメリカのコーナーキックから始まった。
相手のミスからボールを奪ったブラジル代表は
わずか３本のパスでゴールへと迫ってしまう。
確かさと速さ。
これが高次元で交わると、
美しさをも見せる。

ロビーニョ
（マンチェスター・シティ／イングランド・プレミアリーグ、ブラジル代表）

ussoccer.com
11

The Dutch Connection

連動するオランダ

試合が始まると、
まるで止まらない精密機械のような動きを見せる
オランダ代表。
40 年も前から、
パスを出して、動き、ポジションを連動させる
この国独特のスタイルが根付いている。
体力は激しく使うが、
敵を圧倒できるスタイル。
そして、世界が憧れ、
実践しようと目指すカタチ。
勝つために形を自在に変えていく、この考え方。
小国だからこその、
勝つためのセオリー。
この哲学が選手の身体に染みついている。

ヴェスレイ・スナイデル
（インテル／イタリア・セリエA、オランダ代表）

FOR JAPANESE FOOTBALLERS

レベルアップをはかりたい日本のプレーヤーへ

世界のトップレベルへなんて到底追いつけないと考えてしまっている日本の中高生選手は数多い。しかし、気持ちと練習の取り組み方次第でその可能性は無限に拡がる。ナイキ エリート トレーニングは、日本の選手たちの可能性を信じ、その能力をどこまでも向上させるコーチングスキルを備えている。

You Are The Future Of Japanese Football

上の写真はシンプルなトラップ、パス、動きの練習。選手の意識の持ちようによってはこのようなシンプルな練習でもプレーの質が驚くほど上がる。ハイボールスピード、ダイナミックな動き、コミュニケーション、状況判断、ミスの修正……。要は選手がどれだけ上達したいかどうか。そして、ハードワークを楽しむことだ。

Opinions

サッカーは長い年月の間に数多くの選手や指導者が考えた、沢山の意見からなっているもの。今も、技術の向上のためにどこかで意見が飛び交っていることだろう。だからサッカーは成長し続ける。マンチェスター・ユナイテッドのアカデミーコーチが来日した時も私たちは様々な意見を交換し合った。そして、私たちが影響を受けただけでなく、海外トップレベルのユナイテッドでさえも、いまだに様々な意見を求め続け、成長している。主張して、受け入れて、考えて選び、実践し吸収する。常に良いものをどん欲に求めて。そして１つだけ変わらないものもある。「楽しくなければサッカーではない」ということだ。

Our Mission

日本サッカー界のために、世界のサッカーを体感してほしい。世界のサッカーからは、技術だけでなくスピリットや歴史など、様々なものが得られる。情報社会の今日において日本国内で、もしくは世界で「何」が起きているかを知ることは、容易であるかもしれない。でもそれが「なぜ起きているか」を分析し、その後に役立てなくてはならない。私たちはそんなことを考えている。そのためには、多くの選手や指導者、関係者と会って接し、プレーすること。サッカーを愛し、向上したいと願う人々と、常にコミュニケーションし続けていたい。

Continents 1 Game

サッカーは世界共通だ。世界中で最も愛されているスポーツである。さあ、トレーニングの時間だ。サッカーに対する情熱を全て出し切るつもりで。このトレーニングの時間に全てを出さなければ、いつ出すのだろう？　自分を盛り上げて、最高の気分で最高のプレーを。充実したトレーニングの先にしか、勝利の喜びはない。私たちは異なる国から集まったコーチの集団。しかし、持っているのは同じ情熱。サッカーの世界に、実は、国境はない。

NIKE ELITE TRAINING コーチ陣

Leigh Manson / リー・マンソン（写真中）

Scottish FA Youth Level4 Award, UEFA B
スコットランド生まれ。選手、コーチとして 20 年以上プロの世界に携わり、2006 年日本にてナイキクリニック（現在のナイキ エリート トレーニング）を創設。選手時代から定評のあった状況を読む能力は、展開がとても速いハイテンポトレーニングよってに見事に活かされ、正確な詳細を見つけ出し、選手をネクストレベルへと導く。同時に選手のサッカーに対する姿勢を変えさせる情熱的な指導は、多くのコーチからも定評がある。

Naoto Kojima / 小島直人（写真左）

JFA C License, The FA Level1
東京生まれ。英国での選手経験後、海外クラブとの活動もさることながらプロコーチとして日本のグラスルーツにもこだわり続け、多数の青少年達を指導。選手のポテンシャルを最大限に引き出す独特の感性とハイレベルなコーチングが国内外から高い評価を受け、2007 年シニアコーチに就任。サッカーの現場独特の通訳にも定評があり、世界の基準をよりわかりやすく発信する。

Jorge Kuriyama / ジョージ栗山（写真右）

The FA Level 1
メキシコ生まれ。ゴールキーパーとして北中米屈指の強豪クルス・アスルなどでプロ選手として活躍、メキシコ U18 代表に選抜された経験を持つ。現役引退後 GK 専門コーチとなり、実践的な GK トレーニングはビギナーからトップレベルまで好評。教科書にないエリート GK ならではの哲学と、強烈な個性によって選手達の情熱をさらに引き出す。

ナイキ・エリートトレーニングは現在、関東・関西の中高生対象に無料で行われている。 **www.totalfootball.co.jp**

Arsenal
Fly
Emirates

Chapter 01

BASICS

フットボーラーに求められる基本とは？

P033-P057

START! TRAINING

BASICS-01

THE FACTS

データにみる現代サッカーの"現実"

パスの数が増加し続ける、強者のサッカー

「プロ・ゾーン社」という機関ではヨーロッパのサッカーがどのように変化しているか、細かくデータをとって分析している。その結果をまずは紹介していく。なぜならプロクラブチームもこの情報を利用してトレーニングメニューや個人トレーニングメニューを考えているからだ。読者もこれを知っていて決して損はない。

選手の変化 1990～現在まで

フィジカル面では、全ポジションにおいて選手の走る範囲が広がっている。中には一試合で13kmの距離を走る選手もいる。より長い距離をスピードを落とさずに走れるようになっている訳だ。それに連れて、ボールも選手も動きが速くなり、試合の運びも速くなっている。例えば、2008年、イングランド・プレミアリーグでの選手のダッシュの数は2002年に比べて倍に。選手の身体的能力がどんどん高くなっている証拠だ。

技術面では、速いペースで試合を運び、相手に時間もスペースも与えない傾向が見られる。攻撃は、速くて短いダイレクトパスで構成され、特に中盤の混雑した場所でそれが見られる。

試合内容の変化 1990～現在まで

より多くのチームでポゼッション力が高まっているのが特徴だ。ポゼッション中に多くのパスをつなぎ、パスの成功率は2002年に比べ、2009年には約20%高くなった。より多くのゴールが巧みなパス回しで崩してからのものとなっている。また、多くのチームが味方陣地に近い位置でボールを奪い、前のめりになった相手チームの裏スペースを使ってカウンターアタックに素早く入っているのも特徴だ。

今後の技術・戦術の変化

これらのデータを総合すると、今後、選手やチームに求められることが見えてくる。例えば、ポゼッションサッカーの色がより濃くなり、短いパスの多用が必要となること。同時に、パスが多く、タッチ数が少なくなること。ポジションチェンジが多くなること。ポゼッションするため、中盤に技術の高い選手を集めること。ディフェンスラインでのポゼッションの効率を高めること。フィールドをより広く長く使えるようにすること、などだ。

STORIES

Modern Football

パスの本数がチーム力を左右する

ダイレクトパス＆ゴーとポジションの入れ替えが多くなる傾向にある現代サッカーの流れ。その典型例がマンチェスターユナイテッドだ。2008 − 2009 シーズンを見てみると、ルーニー、テベス、ナニ、ロナウドらを中心に細かいパス交換が行われ、頻繁にポジションチェンジが繰り返された。

2008-2009 シーズン

一試合における パスの平均本数

順位	クラブ	パスの本数
1	マンチェスターユナイテッド	431 本
2	リバプール	399 本
3	チェルシー	496 本
4	アーセナル	442 本

*イングランド・プレミアリーグのパス平均本数は 314 本

最もパスの本数が多かった 4 チームがトップ 4 に。このことからも、パスの本数がチーム力を左右することがわかるだろう

BASICS-01

THE FACTS

データにみる現代サッカーの“現実”

トレーニングでも、試合と同様、速く

前ページの調査結果は誰かの意見ではなく現実だ。これらの現状と、マンチェスター・ユナイテッドやFCバルセロナ、オランダ代表やブラジル代表などの成功を見ていると、日本の選手もサッカー界に旋風を巻き起こす事ができるのではないかと考える。日本人にはスピードとテクニックがある。チームスピリットも素晴らしい。だが、日々のトレーニングがもっと実践に近い形で、勝敗にこだわり、何より、速くて激しいテンポで行われるべきだ。お互い挑戦し続けて、一番になれるまで自分を試し続けて欲しい。

これを踏まえて、日本の若い選手が狭いスペースでも素早く良いプレーをできるように、「目的別のミニゲーム」を正確に行うことが重要になってくる。ミニゲームはフィジカル、メンタル、技術をゲームの状況で鍛えるもの。とにかく展開が速いので、状況判断の正確性とスピードを高め、ボールを持っている時も持ってない時も敵を素早くかわす術を身につけられる。常に次のプレーのことを考えて素早くスペースを作ったり見つけたりし、1つ1つのプレーを速くしなければ、勝利できないように設定されているからである。

トップレベルでプレーをするためには若い頃から速いテンポで技術練習を重ねる事が不可欠だ。例えば私たちのナイキ・エリートトレーニングでは強いプレッシャーの中で、スピードをつけて練習を行う。サッカーの全てにおいてスピードが上がっているのだから、トレーニングにおいても試合と同じように速く動くべきなのだ。ドリブルも大事だが、世界のトップチームがパス＆ゴーで前進している。ならばそれを練習するべきである。トッププレーヤーがより長く、より速く走れるようになっているなら、そうなれるようトレーニングを行うべきなのだ。こうして、目の前の現実が、自らのトレーニング内容を変えていく。

FCバルセロナのアンドレス・イニエスタはパスサッカー、ポゼッションサッカーの申し子とも言える存在だ。短くて早いパスはもちろん、ピッチを広く使って長く正確なパスも自在に操る。彼のパスが推進力となって攻撃が組み立てられることは非常に多い

STORIES

To Do Or Not To Do

やらなければならないこと

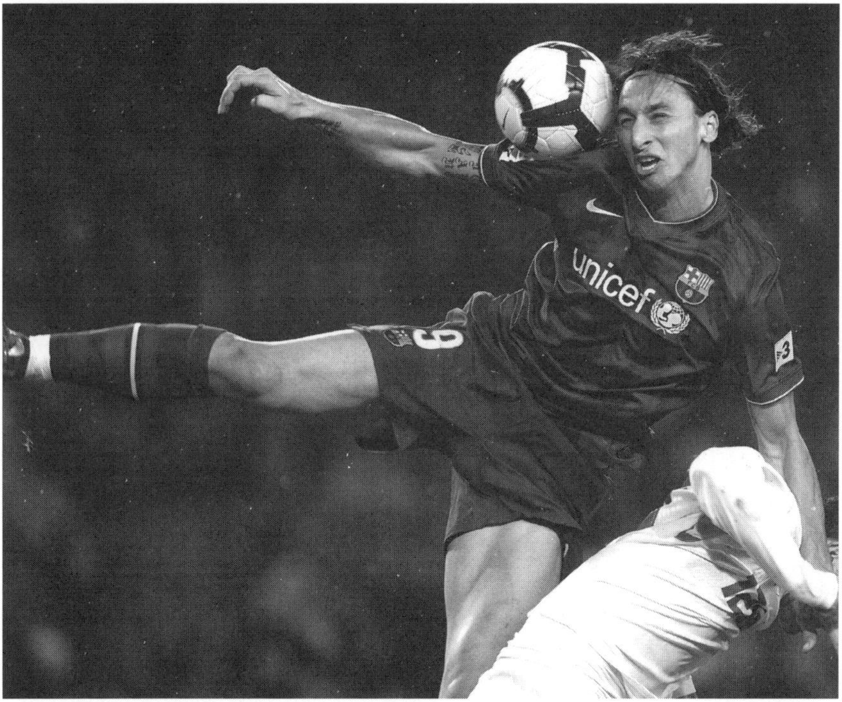

そこそこで納得し、それ以上は求めずに、チームの名簿に一応名前が載っているだけの、ただの一人でいることもできる。でも、努力すれば、相手にとって最も嫌な選手になることだってできる。一瞬でゲームを覆すような、試合終了間際のPKを余裕で決めてしまうような、決死のタックルをきめて危機的な守備から決定的な攻撃へと変えてしまうような。そうあるために、自らとる行動、挑む試合、全ての機会において、名を残すことが大切だ。

MAKE THE DIFFERENCE

：練習でこそ差をつけろ：

HOW TO TRAIN

どう練習に取り組めばよいか？

世界の戦いで勝つための「ゲームテンポ・トレーニング」

サッカーの練習そのものは、もしかしたら意外に真剣に考えず、なんとなく取り組んでいることのひとつかもしれない。

「果たして自分は本当に全力を出し切っているのか？」

「練習は退屈だと感じていないか？」

「それは簡単すぎないか？」

「いつも同じではないか？」

このような質問を自分自身に投げかけてみたらどうだろう。そして毎日の自分のパフォーマンス分析も必要だ。なぜうまくいったりまたはうまくいかなかったりしたのか。エリートである選手達もそうやって毎日自分を試している。エリートレベルのトレーニングで明らかな上達を続けるには、ハードワークとそれを支える強い精神が必要だ。指導者は選手全員が本気で取り組み、力を出し切ることで上達できるように練習メニューを設定する。つまり同じメニューでも、上達は選手次第だということだ。

私たちはこの日本で1000校以上の中学校や高校でナイキ・エリートトレーニングプログラムを行ってきた。また、マンチェスター・ユナイテッド、FCバルセロナ、セルティック、バレンシアのユースコーチとも一緒に仕事をしてきた。そして彼らコーチ達が、全員何の疑いもなく断言する事、それは日本人選手の技術のレベルがとても高いという事だ。ヨーロッパの若い選手達よりもテクニック、スピード、ボディバランスに優れ、また良い態度で練習に取り組んでくれるというのだ。しかし日本人のサッカーの弱点は、そのテクニックを相手がいる時に、発揮できないということにある。だから当然、シュート練習ならばゴールキーパーとディフェンダーをつけ、ダイレクトでゴールの隅を狙う練習をするべきだ。

フース・ヒディンク監督とともにトレーニングを行ったとき、彼は「日本代表選手は60分を過ぎると、判断が鈍ってそれまでの素晴らしいサッカーが消えてしまう」と分析していた。疲れてきた時こそ、普段の習慣が出るもの。疲れた時、プレッシャーが激しい時、戦えるかどうかは普段の練習からゲームテンポ（試合と同じもしくはそれ以上の速さと激しさ）のある練習で習慣を付けていくべきなのである。練習で、試合と同じ状況をいかにつくるか。そして、現在どんなレベルでプレーしていようと、常にもっと上達したいというどん欲な姿勢を見せることが大切なのだ。

STORIES

Spilit

個人技はどうやって磨けばよいのか

トレーニング後に磨く事ができるのが、個人技だ。本当に優れている選手というのは最も才能がある選手ではなく、最も努力する選手。例えば80年代～90年代に活躍したエリック・カントナは、マンチェスター・ユナイテッド時代、チームトレーニング後も残って自分を分析しながら個人練習を重ねていた。個人技に優れ、天才と呼ばれたカントナでももちろん、個人練習を欠かすことはなかったのである。彼だけでなくどんな選手も、それぞれのスペシャリストになるために個人練習には時間を費やしている。それでこそ、強烈な個人技が磨けるのだ。イングランドのウエストハム・アカデミーでジョー・コールやリオ・ファーディナンド他の代表メンバーを育成したコーチ曰く「誰よりもサッカーを愛し、誰よりも居残り練習をよくやっていた連中が、現在成功している選手達だ」

HOW TO TRAIN

どう練習に取り組めばよいか？

練習のなかで、目的を持つことが大切だ

練習で必要なことは、まず、目的を持つこと。選手として、上手くなりたいと望むこと。そのうえで練習の目的（テーマ）に集中して取り組むことが大事だ。

例えばパスがテーマの練習だったとしよう。選手は言われていなくても１または２タッチでプレーすることを意識して、パスを使う機会をどんどんみつけるべきだ。シンプルな基礎練習でも、ボールスピードを速くしたり、試合中で使うフェイントや方向転換などのリアルな動きにこだわって取り組めば、常にチャレンジしていることになるのだ。以下に、練習する時、あらためて心にとめておきたいことをあげていく。

[向上心]

どこまで上手くなりたいか。上達するには責任を持たなければならない。上手くならないことをいつまでも他のせいにしているのではなく、自分でできることが沢山あるはずだ。自分の番でなくても、他の選手から良いプレーを盗む。他の選手のミスから学ぶこともできるのだ。そして監督やコーチのアドバイスは聞き流さずに試し、自分で体験するべきだ。

[自分のために]

練習は自分を高めるためにある。自分の上達に全力を注ぎ、試合の時はチームのために全力を尽くして戦う。サッカーはチームスポーツではあるが、11人の個性の集まりでもある。まずは、自分が上手くなること。全員がそう考えている集団は必ず勝利を手にすることが出来る。

[練習のテンポ]

練習を高いレベルで行うためのカギとなるのは「テンポ」。練習のスピードが遅ければ上達も遅くなる。逆に速いテンポの練習のほうが楽しめるし、チャレンジも出来、リアルな試合に近い。

[失敗を恐れない]

テンポを上げれば当然失敗もあるだろう。だから失敗なんて一切恐れる必要はない。自分を抑えてプレーしてはならない。何かに恐れて身体に余計な力が入ってしまっては良いプレーが出来ないものだ。失敗したらすぐに修正するだけ。サッカーの基本は「取られたら取り返す」だ。

[分析すること]

失敗そのものより「失敗から学ぶこと」。そして「失敗の克服を学ぶこと」が必要だ。エリート選手は、毎回違う角度や場所から10回シュートを打つのではなく、全く同じ場所から50回シュートを打つ。そこでミスした時は「今のは他のと何が違ったんだろう」と分析して考えていくのだ。

PRACTICE

Be Number 1

自分がナンバーワンだと思いこむ

チームに初めて来たコーチに「この中でナンバーワンは誰だ？」と聞かれたら、胸を張って１歩前に出て、手を挙げて自分だと言えるだろうか？　自分の限界にチャレンジするとき、そこには強い自信が必要だ。恥ずかしがって人の目を気にするのでなく、心から自分こそがナンバーワンだと思い込む。技術的に上手いか下手かではなく、自信がある選手こそが限界を突き抜けることができる。例えば、アメリカンフットボールの選手にジェリー・ライスという選手がいる。彼は多くの得点記録を塗り替えた選手だ。彼のコーチの話によると、集合のたびに彼だけはいつもダッシュで集まったそうだ。歩きでもなくジョグでもなくただ走るのでもない。「ダッシュ」である。そこまで努力しなくても良い選手になれていたかもしれない。でも、凄い選手にはなれなかったはずだ。

SPEED

サッカーにおける「スピード」とは

様々な状況を考えたうえで、スピードを鍛える

スピードは今までになく重要視されるようになってきている。そしてエリート選手は自分の体のケアをより上手く行うようになってきたことから、栄養、スポーツ科学、ライフスタイルのコンビネーションが洗練され、ボールがあってもなくても優れた選手、つまりはアスリートとなってきているのだ。FC バルセロナのユースセクションは若い選手を探す時にこう考えている。

「レベルの高い技術とミックスされれば、スピードは、最も重要な要素となる」

彼らは、技術に加えて、テンポと判断スピードを強く求めているのだ。ではサッカーでいう「スピード」とは何なのだろう。細かく見ていくと、下にあげたような要素となる。

1. 加速までの速さ
2. 方向転換やターンの速さ
3. 反応の速さ
4. ペースを変えるまでの速さ（スピード持久力、スピード回復とも呼ばれる）
5. ゲームを読み、予測し、状況に反応する速さ
6. ボールに寄せる速さ

では、これらを自分のものにするために、必要なことを考えていく。

[サッカー特有のスピードを理解する]

サッカーで言うスピードとは単純に A から B に速く移動する事を指すのではない。バランスを崩しながらでも、敵に囲まれても、グラウンド状況が悪い時でも、発揮できるスピードのことを指す。つまり、サッカーの試合に起こりうる様々な状況を考えた上で、スピードトレーニングをしなければならない。

[トレーニングテンポを上げる]

トレーニングの展開、トレーニング中のひとつひとつの動きを速くする。一回のトレーニングで全ての状況に応じたトレーニングができる訳ではないが、自分が常に意識することで、コーチからの指示以上に動くことはできる。日本には高い技術をもった選手が多くいるのに、トレーニングのテンポは遅い傾向にある。

[スピードトレーニングのタイミング]

単純なスピードトレーニング（ダッシュ、坂ダッシュ、アジリティなど）はウォームアップ後、体がまだ疲れていない時に行うのが効果的だ。毎日短時間でも必ず取り入れ、週に一度は長い時間スピードトレーニングの時間を設けるのが望ましい。例えば、マンチェスター・ユナイテッドは、試合がなければ毎週水曜日がスピードトレーニングの日と決まっている。

STORIES

Change Your “Tempo”

テンポをアップせよ

過去３年で、ナイキ・エリートトレーニングは約１万人以上の選手とセッションを行ってきた。また、マンチェスター・ユナイテッド、FCバルセロナ、セルティック、そしてバレンシアのコーチを日本に呼び、共に練習をしてきた。私たちも含め、来日したコーチ、関係者全員が口を揃えて言う。「日本のトレーニングは人もボールも動きが遅い」。

今こそ、それを変えるべきだ。人もボールも動きを速めることで、サッカーに必要な数種類のスピードが身につく。この本で紹介するトレーニングメニューは全て、速いテンポで行ってこそ、その効果が大きなものとなる。必要なのは、練習時間の長さではない。練習における、テンポの速さだ。そして、そのテンポは、明日からでも自分一人で変えられるものなのだ。

SPEED

サッカーにおける「スピード」とは

テンポを速めるためには、チームメイトの動きを知っておかなければならない

前ページで説明したスピードの種類のなかで、「ゲームを読み、予測し、状況に反応する早さ」と、「ボールに寄せる速さ」を得るには、ミニゲームによるスピードトレーニングが最も効果的だ。ミニゲームは、攻守の切り替えを頻繁にしなければならない。これをさらに速いテンポで行う。ボールウォッチングにならないよう、常に全体を見る意識をし、自分の背後で何が起きているか、誰がどう動いてるかを把握する。それには速い動きのなかで、常に首を振るのが大切だ。

そして、相手の動きがパターン化し、読めるようになってきたらインターセプト、スルーパスのチャンスだ。その時に重要になってくるのがチームメートの特性をどれだけ知っているかということ。前線の選手は足もとでもらうのが好きなのか、裏のスペースに走り込んで受けるのが好きなのか、角度をつけて走り込むのか、それともまっすぐ走り抜けるのか。これらの情報を先に持っている事でプレーのスピードが上がってくる。例えば右サイドハーフでボールを持った時、左サイドバックが駆け上がる事を知っていれば、早めにロングボールを出してチャンスを作ることが出来る。もしくはフォワードがポストプレーに落ちてくることを知っていれば、短めのパスを速めに出し、ポストプレーを利用してタイミング良く中盤が飛び出せるはずだ。つまりテンポを速めるためには、事前に、チームの仲間のことをもっと良く知り、コミュニケーションをとっていなければならないのだ。

全てにおいてボールのスピードを常に速くすること。そして、素早く考える習慣をつけること。マンチェスター・ユナイテッドのトップチームのアップは、常にダイレクトプレーで行われている。ボールも人もとても速く動くので選手は、自然に予測することを学んでいる。例えば、ディフェンダーのリオ・ファーディナンドはその速さに慣れるまで1年かかったと言っていた。リオはディフェンダーながら、ダイレクトプレーも得意とするプレーヤーである。同じくレギュラークラスのライアン・ギグスやポール・スコールズも、試合中、ダイレクトプレーが非常に多い。これらは、いかにチームメイトの動きを知りつくしているか、そして、それを予測しているかの表れ。練習中のテンポの速さがそのまま試合に表れているのだ。

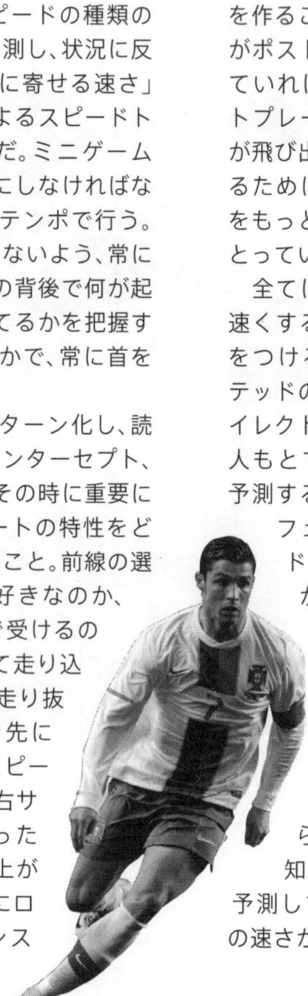

クリスティアーノ・ロナウドのスピードは「脚の回転の速さ」と「歩幅」の組み合わせによって構成されている。脚を左右交互に動かす動作が速いことで、前への推進力も高まるが、同時に、歩幅を狭くすることでボールタッチの回数を増やしているのが特徴。敵が前方にいる時、歩幅が狭ければ、ドリブル時に細かい方向転換やフェイントをかけられる訳だ。

COLUMN

NIKE FOOTBALL+　MENU-1

世界のトップ選手、トップコーチが実践するワールドクラスのメニュー

MASTER SPEED *Seleção Brasileira*

ブラジル代表のスピードアップトレーニング

全てのプレーにおいてスピードを重視する王国・ブラジル代表のスピード系トレーニングを紹介していく。

1 ESPELHO
エスペーロ

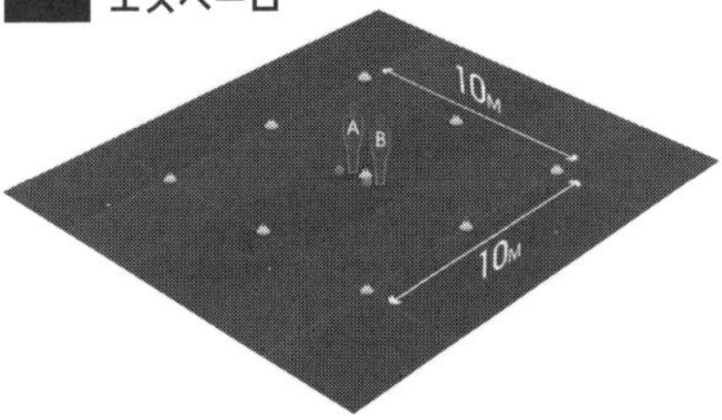

プレーヤーＡとＢが正方形のエリア内に立つ。Ａが自分の側にあるコーンへ走り始めたら、Ｂは反対方向のコーンへ同じように走る。Ａの動く方向を正確に見ながらＢも同じように走るという内容だ。Ｂは常にＡを見て、全速で移動することで、試合で重要となる反応速度を鍛えられる

2 QUADRAD
クアドラード

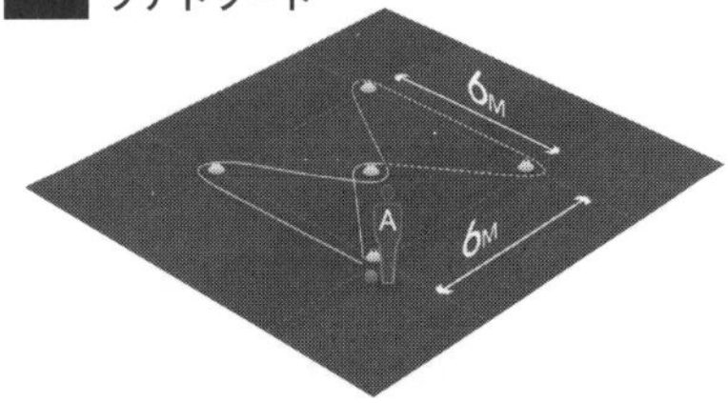

正方形の一角からスタートして中央のコーンまでドリブル。中央コーン付近でボールを置き、ボールのない状態で正方形の外側を半周し中央へと戻る。これを全速で繰り返すことで方向転換のスピードを鍛えられる。ボールを持った時も、持たない時も、常に限界のスピードを出すように心がける

3 AGACHAMENTO
アガシャメント

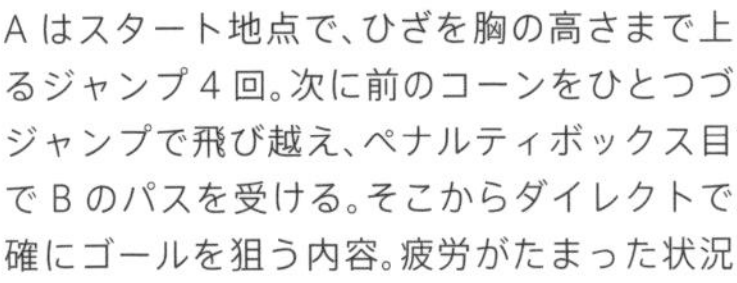

Ａはスタート地点で、ひざを胸の高さまで上げるジャンプ４回。次に前のコーンをひとつづつジャンプで飛び越え、ペナルティボックス目前でＢのパスを受ける。そこからダイレクトで正確にゴールを狙う内容。疲労がたまった状況でも、全速でボールを進めながら強力なシュートを打てるようになる練習だ

「王国では、最も速い奴が王者だ。最先端のトレーニングでパワーとスピードを身につけるんだ」
ロビーニョ / ブラジル代表 FW

BASICS-04

NUTRITION&HYDRATION
試合やトレーニングのための栄養と水分補給

正しく食べなければ、良い選手にはなれない

　この分野はユースサッカーにおいてよく見落とされるうちの1つ。トレーニング時と違って、コーチは選手の食生活を監視する事ができないため選手自身で行わなければならない。プロの世界ではそれぞれのチームで栄養士が選手の栄養を管理している。ビスケット1つも食べさせないほど管理が厳しい場合もあるのだ。下に正しく食べる事による利点をいくつか挙げてみる。

より厳しく、長くトレーニングする事ができる
試合で高いレベルのプレーを長時間維持する事ができる
疲労がくるのを遅らせる事ができる
試合や練習の疲労回復が早くなる

　このように、サッカー選手にとって食事がどれだけ大事なことかを知る必要がある。栄養は、骨や筋肉の成長に欠かせないもの。その栄養を正しく摂取するには、まず、基本的な成長のプロセスを知ることだ。トレーニングの後には必ず栄養が必要であり、睡眠をし、細胞を成長させなければならない。栄養を正しくとらないということは、イコール、細胞の成長を邪魔する、ということになる。

成長のプロセス

細胞の破壊（トレーニング） ▶ そこに栄養を送り込む（食事）

▲　　　　　　　　　　　　　　　▼

細胞の成長 ◀ 成長ホルモンの分泌（睡眠）

MEMO

A KNOWLEDGE

知っておきたい栄養の知識

炭水化物

炭水化物はたくさん食べる必要がある。サッカー選手のエネルギーの源は、炭水化物であるからだ。炭水化物は、体のなかでグリコーゲン（エネルギー）に変わる。グリコーゲンは筋肉の中に蓄積され、試合やトレーニング時に使用される。十分なグリコーゲンが体内にないと疲労を感じるのが早くなり、パフォーマンスが下がってしまう。

[炭水化物の例]
パン、米、パスタ、ポテト、穀物、豆、サヤエンドウ、レンズ豆、牛乳、フルーツ、ヨーグルト、はちみつなど

タンパク質

タンパク質は、骨、筋肉、皮膚の発達に必要なもの。成長期の若者にとって重要な栄養である。炭水化物はエネルギー、タンパク質は成長の源であると覚えておきたい。

[タンパク質が多く含まれる食材]
魚、脂肪分のない赤身や白身の肉、卵、米、トウモロコシ、低脂肪乳製品、豆、サヤエンドウ、レンズ豆、ナッツ類、種類など

脂肪分

脂肪には2種類、飽和脂肪と不飽和脂肪がある。飽和脂肪は高コレステロールと心臓病につながるものでもある。どちらの脂肪分も摂る時は十分に注意して、極力、食事から脂肪分を減らす努力をしたい。アドバイスとしては、脂肪分のない赤身の肉を食べて、低脂肪もしくは無脂肪の牛乳や乳製品を食べる事。若い選手は、揚げ物、ケーキ、ビスケット、チョコレート、クリーム、バター、マーガリンをなるべく控えるべきだ。

[飽和脂肪を含む食品の例]
バター、大量のチーズ、クリーム、肉、ケーキ、ビスケット、揚げ物

[不飽和脂肪を含む食品の例]
油っこい魚、ピーナッツ、植物油、ソフトマーガリン

食物繊維

これは消化のプロセスを整えるもの。低カロリーで満腹感を得る事ができるのもメリットだ。この食物繊維を有効に摂取したい。

[食物繊維を多く含む食材]
皮つきのフルーツ、全ての野菜、ナッツ類、玄米、全粒小麦のパスタ、トウモロコシ、オート麦、朝食用シリアルなど

塩分

選手の足がつる原因は、塩分が汗によって出され体内で不足しているからではない。むしろ塩分を摂りすぎているから脚がつる、という事が証明されている。塩分摂取はなるべく抑えて、足のつりを予防しておきたい。

KEYPOINT

- 炭水化物を十分摂る
- 食事から脂肪を減らす
- タンパク質を十分に摂る
- 食物繊維を十分に摂る
- 塩分摂取を減らす
- ビタミンやミネラルのために色々な食材を摂る
- 水分をしっかり摂る（試合や練習時は特に）
- 必ず朝食を食べる
- 夜遅くに食べ過ぎない

NUTRITION&HYDRATION

試合やトレーニングのための栄養と水分補給

小さなこだわりが、大きな収穫をもたらす

おかしな話であるが、多くのスコットランドのプロクラブでは更衣室に温かいミルクティーを置き、ハーフタイムにこれを飲むというのが伝統だった。何年も何年も、パフォーマンスに悪影響を及ぼす飲み物を選手に与えていた訳だ。この話は論外としても、栄養と同じく、知っておきたいのが「水分補給」に関する知識だ。

当たり前のようだが、水分をトレーニングに持ってくる事は極めて大事なこと。トレーニング前、最中、後と少しずつこまめに水分補給をする事はとても重要な体のケアとなる。喉が乾いてから飲むというのではもう遅い。喉が渇く前に水分を補給するのが大前提だ。

また、市場では多くのスポーツドリンクが大量に生産されている。このスポーツドリンクについても知識を深めておきたい。スポーツドリンクは大きく二つに分類する事ができる。1つは水分補給ドリンク(アイソトニック)、もう一つはエネルギー補給ドリンクである。エネルギー補給ドリンクは一般的に糖質が高く吸収率が悪いため、逆に脱水を促進させてしまう事があるのを覚えておきたい。

では根本的なところに立ち返り、なぜ、水分を正しく摂る必要があるのかに触れておく。水分を摂らないでいると、脱水状態に陥る。脱水状態になると、疲労に加えて集中力がなくなり、パフォーマンスが落ちるという仕組みだ。ここにパフォーマンスが落ちるのを防ぐためのガイドラインをあげておく。

[練習や試合の 2 時間前に最低 600ml の水分を摂る]
(500ml のペットボトルを基準にすると分かりやすい。2 時間前に 500ml ペットボトル一本以上の水分を補給する必要がある)

[練習や試合の 15 分前に 200 － 400ml の水分を摂る]

[試合や練習中、15 分ごとに 200ml の水分を摂る]

栄養と同時に、水分補給についても正しい知識を得ることで、選手のクオリティは確実にアップする。食べ方や飲み方は選手にとってとても大事であるのにも関わらず、多くの場合見落とされがちだ。ボールを蹴る技術や、筋力をアップさせるのと同じく、日常から気をつけていたい。

STORIES

Eat Properly

食事には気をつけろ

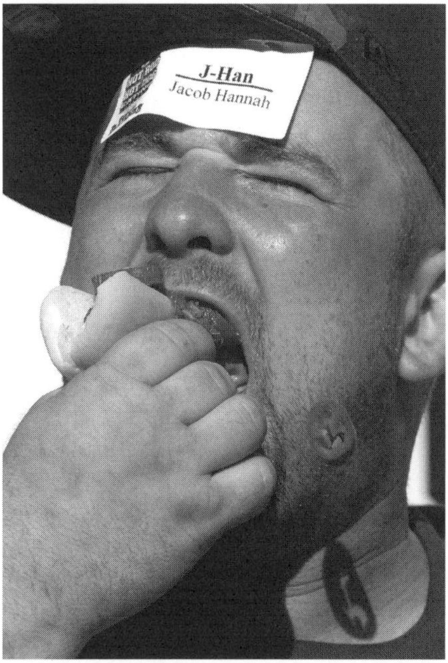

ジャンクフードは選手にとって大敵だ。いくら良い技術を持っていても、いくら質の高いトレーニングを積んでいても、食事や水分補給に気をつかわなければ、レベルアップしていくことは難しい。

また、食事は敵にも味方にもなってくれる。パフォーマンスを十分に発揮させる軽食や、疲労を回復させる効果的な食物は、選手の味方となるはずだ。例えば、下にあげたような軽食のセットをどれか、練習後に摂ると、疲労回復に役立ってくれるだろう。しっかり食べれば、厳しく長いトレーニングも可能となるし、疲れた体を回復させることもできるのだ。

KEYPOINT

試合前の食事の理想的なタイミング

4 ～ 6 時間前 / 大量の食事→ 2 ～ 3 時間前 / 軽食→ 30 分～ 1 時間前 / スナック

トレーニングや試合後の疲労回復用スナック

1. パン、ツナもしくは赤身の肉、サラダ、バナナ、飲み物
2. ベークドポテト、ツナもしくは豆、飲み物
3. スープ、全粒粉のパン、フルーツ、飲み物
4. ベーグル、ツナか赤身の肉、フルーツ、飲み物
5. シリアル、低脂肪牛乳、バナナ、飲み物
6. 栄養バー（ソイジョイなど）、バナナ、りんご、飲み物

EQUIPMENT

サッカーギアとの付き合い方

練習のなかで、目的を持つことが大切だ

　このページは本当にあったこんな話から始めたい。かなり高い技術を持った選手なのにヒモがほつれて、皮に穴があき、とても汚いスパイクでトレーニングに現れる選手が増えてきたからだ。

　それは、トップチームでの練習で起きた。その日はある少年がテストを受けに来るということだった。ロッカーで準備をしていると、噂に聞いていたとても上手な17歳の選手と、彼の父親が現れた。着替えを済ませたところで監督が彼に近づき話をしようとしたが、この選手が取り出したスパイクは泥まみれだったのだ。そこで監督は、「サッカーに対して尊敬する心がない」と言いその選手と父親を帰らせたのだ。

「前夜に試合があってきれいにする時間がなかった」と選手は言い訳したものの、通用することはなかった。他のチームに行ったという話も聞いていないので、彼は最大のチャンスを逃してしまったという訳だ。

　もうほとんどなくなってきた習慣ではあるが、多くのプロクラブでは若い選手が先輩のスパイクを磨いていた。それはある意味、良い習慣だと思う。しかし、私たちがプロ契約コーチとして毎年十数足のスパイクをもらうようになっても使った後は必ず手入れをする。これはサッカーに対するプライドと尊敬の心があるからだ。

　スパイクの手入れをする事はとても大事だ。スパイクは自分の能力以外で、最も大事な武装品でもある。手入れをしながらその日のトレーニング内容を振り返るのもいい。技術もメンタルもフィジカルもサッカーにはとても大事な要素ではあるが、ギアを大切にするハートを決して忘れてはならない。言い換えれば、ギアを大切する気持ちは、少しでも良いプレーをしたいという欲求の表れ。ギアを大切にしないということは、上達したい欲求がないのと同じ。スパイクやウェアやボールを大切にすることは、他ならぬ、自分のためでもあるのだ。

STORIES

Respect Your Equipment

ギアへの敬意が、選手としての質を高める

可動域が広いウェアを選ぶこと。ゴールキーパーは土グラウンドではロングパンツを履くこと。ボールは毎日手入れをして１ヶ月に１回は空気を完全に抜くこと。選手は練習だけでなく、ギアに対してもきちんと時間をとって接するべきだ。

また、せっかく用具をきちんと手入れしても、その保管場所が整っていなければ意味がない。部室はどんな時でも清潔に保ち、全ての用具の数を管理しやすいように整頓しておいて欲しい。ちなみにプロの世界で「チェンジングルーム（更衣室）」は特別な場所だ。ここでチームメイトと冗談をかわしながらトレーニングの準備をする。時には議論の場となることだってある。つまりロッカールームや用具室は、選手にとってとても大事な空間なのだ。これらのスペースをきれいに整頓することで、トレーニングに対する意識が高まるはずだ。

COMMUNICATION

サッカーにおけるコミュニケーションの意味

意思の疎通を、習慣化せよ

「日本の若い選手を教えてみて、その印象を教えてください」

これはナイキ・エリートトレーニングで開催する「海外トップクラブ育成コーチによる指導者講習会」で、受講者から出る最も多い質問のひとつ。そこで海外から来たコーチのほとんどがこう答えている。

「自分のクラブの選手達と比べてコミュニケーションが明らかに少ないね」

年間1万人という中高生を見てきても、この意見は残念ながら否定できない。ではなぜコミュニケーションがこれほど足りないのか？

そもそもサッカーのコミュニケーションとは何を意味するのだろう。変化し続ける状況に応じて、自分の意思を周囲に伝え続けること。言葉だけでなく、ジェスチャーや動作によってお互いの意思の疎通をはかる。これがサッカーにおけるコミュニケーションだ。まずは、チームメイトとの壁を取り除き、より良いトレーニング環境を生み出すこと。何でも話せる雰囲気があって初めて、チームのコミュニケーションはスタートする。

そしてピッチ上での声かけはポジティブなものにすることだ。ミスをしてしまったらそれは指摘されると同時に励まされるべきもの。お互い怒鳴り合うことは長い目でみて無意味だ。サッカーが好きすぎて感情コントロールができなくなる選手もいるが、このことを事前にチームメイトが知っていれば問題は少ないはずだ。具体的には、集中力の切れやすい前後半のそれぞれ最初と最後の7分は、お互いの気持ちや狙いを統一させるためにも、会話や声かけをより増やすべきである。

次に会話を習慣化する。ボールがない場所で何が起きているのかを把握し判断したら、常に仲間に伝え続けることが大事だ。声を出す癖がついていれば直接ボールに関わってない時でもチームに多くの成功をもたらす。ゲームを読んで、判断し、しゃべる、という身体のシステムはサッカー選手なら、「ついそうしてしまう」位の習慣にしたい。

そして、プレー中の会話は「短く、分かりやすく、ハッキリと」。瞬間のことだからこそ、長く喋っている時間などない。かといって曖昧であればお互いの呼吸は合わない。短く、的確な声は非常に重要だ。ハッキリしゃべることも大切。パスを要求する時も、強く要求する選手には仲間も自信を持ってパスを出せるが、中途半端なコミュニケーションはあってはいけないパスミスも生んでしまう。声の出し方にも気をつかってプレーしよう。

STORIES

Top Level Communication

海外トップレベルのコミュニケーション術

ヨーロッパのクラブでは「ロングにいくためのショート」と「ショートにいくためのロング」と呼んでいる動きがある。ディフェンスか中盤がボールを持っている時にフォワードが、自分のマークを連れながら下がって足元のボールを要求する。これがショート。この動きを入れたのならそれは裏にボールが欲しいというサインであることになる。「ロングにいくためのショート」である。お互いがこのことを分かっているのでフォワードがこの動きをすると、敵のディフェンスよりも一足先に全員が走り始められるのだ。

逆に、フォワードが自分のマークを連れて裏に引っ張っていくのが、「ショートにいくためのロング」。これは、その後、フォワードがポストプレーに戻ってくるというサインとなる。こうしたアクションが普段の練習から習慣となっていれば、お互いの理解は深まり、試合でも連動性のある動きが可能となる。

KEYPOINT ー プレー中の「声」英語編

- **Shoot** [シュート] ▶ 打て！
- **Man On** [マンオン] ▶ 背負ってる！
- **Hold** [ホールド] ▶ 遅らせろ！
- **Turn** [ターン] ▶ 方向転換しろ！
- **Square** [スクエア] ▶ 横！（パスの要求に使う）
- **Time** [タイム] ▶ フリー！
- **Squeeze** [スクイーズ] ▶ しぼれ！
- **Show Inside/Outside** [ショウ・インサイド/アウトサイド] ▶ 外を切れ！/中を切れ！
- **Keeper's** [キーパーズ] ▶ キーパーへ！
- **Away** [アウェー] ▶ クリア！
- **Switch** [スイッチ] ▶ 逆サイド！
- **Cut it back** [カット・イット・バック] ▶ マイナス方向へ！

BASICS-06

COMMUNICATION

ピッチ上の準備

コミュニケーション能力は、敵にとって脅威となる

サッカーにおけるコミュニケーションとは、なにも会話をしたり、声を掛けあうことだけではない。声と同じ位重要なのが、合図である。例えば、パスを出した選手はその後味方にどうしてほしいのか、例えばターンして逆サイドへ展開してほしいのか、シュートを打ってほしいのか、前を向けないからリターンパスを欲しいのか、などを明確にしたい。つまりパスを出す前に、目的を持ったコミュニケーションをとっておく必要があるのだ。ただ、瞬時のことで会話を行う時間はない場合の方が多い。だからほんの一瞬の間に、味方選手と合図だけでもかわすことで、全員の次の動き出しが相手を上回ることがよくある。合図でなくても「視線」が役立つことも多い。選手はよく「首を振れ」と言われているかもしれない。しかし、ただ首を振るのではなく、より良い次のオプションを見つけるのが目的。さらには、その間に、一瞬向けた視線だけで、味方が「次はこっちに展開するかもしれない」と準備できることもあるのだ。これを察知するためには、味方の動きだけでなく、視線にも注目する必要があるだろう。

コミュニケーションの効果がよりはっきりと表れやすい1つの場面が、セットプレーだ。さりげない動作を合図に決めておいて、逆に、腕を上げるなど大きい動作をフェイントに使うのが良いだろう。プロの世界でも実に様々な合図や工夫が見られるのだ。例えば2010年6月、日本代表がイングランド代表戦で決めた闘莉王のゴールはただの偶然ではない。あごをかいたり、ボールを動かしたり、スパイクの裏をチェックしたり、コーナーフラッグを触ったり。何気ない仕草がきっとサインとなっていたはずだ。

また、フェイントに名前をつけるという方法もある。例えば、裏に走っていて中の味方にスルーしてほしい時、「アキラ」などと呼ぶ。これはその選手の本当の名前ではなく、チームには存在しない名前を選ぶ。敵はそれがフェイントの名前だとは思わないので反応できないかもしれない。しかしチームメートは「アキラ」がスルーのサインだと分かるので、敵をだませるという訳だ。

いずれにしても、コミュニケーションはサッカーにとってとても重要だ。トレーニング中にこれらの話し合いをすべきである。会話や合図、サインなしに連動性ある守備や攻撃ができるチームはないのである。

STORIES

Connecting With Team Mates

コミュニケーションもウォームアップせよ

サッカーは多くの事がグラウンドで解決されなくてはならない。コーチの教えや考え方も大きな影響はあるが、最終的に試合を決めるのは選手達である。

ヨーロッパのプロクラブを見てみると、トップチームのウォームアップはリラックスしたもの。和気あいあいというムードの時も多い。わいわいと行う時もある。コーチからの指示は特にない場合も多く、年上の選手に指揮をとらせて自由に行う。ここで選手同士は体だけでなく、コミュニケーション能力もウォームアップする。ミニゲームなどをする事で会話をはずませ、何より競い合う事を楽しめる雰囲気を作っていく。エリート達は楽しみながら、お互いにプレッシャーをかけ合うことも忘れず、集中を高めていく。時にはドぎついジョークも飛び出し、雰囲気は盛り上がっていくのだ。

BASICS-07

PITCH

ピッチの準備

なぜゴールやラインひきにも気を配るのか？

トレーニングのセットアップは用具とともに、選手のやる気にも大きく影響する大事なものと私たちはとらえている。ナイキ・エリートトレーニングでは基本的に開始30分前からピッチの準備をする。選手はセットされたピッチに来るとモチベーションがアップするもの。早めの準備によってコーチ側もチームの人数と能力に応じてピッチが作れているかを容易にチェックすることができる。コーチとしても全力でトレーニングに臨む気持ちは選手と同じ。お互いを尊敬し合うという意味でもピッチのセットアップは私たちプロサッカーコーチにとってとても大切なことなのだ。

普通の学校では、コーチのほとんどが先生だ。練習30分前からピッチをセットアップするのは難しい場合も多い。こういう時は、選手がピッチのことまでも気づかい、準備する気持ちを持つことも必要だろう。でも選手だけでは解決できない問題もある。例えばゴールについてだ。ゴールがフルサイズのピッチ両脇に120mも離れて地面に固定されていても非効率的である。学校にしてもクラブチームにしても何セットもゴールを買う事は難しいことだが、せめて動かす事のできるゴールであればトレーニングの質を一気にアップできる。選手はゴールに向かってシュートを打ちたいもの。この本で紹介されているトレーニングの多くは、小さなコートでフルサイズゴールを使った方がベターなものばかりだ。その事によってより多くボールに触れる事ができ、トレーニングの目的を果たす事ができる。

ミニゴール（ハンドボールゴール）もあると便利だ。40人程度で攻守の練習をする時は2セットあると効率が良い。また、ピッチのライン引きにも気を配りたい。特にシュート練習をする時には、ゴールエリア、ペナルティーエリアの両方をきちんとひくこと。こうする事で、選手はより実践に近い感覚で練習をする事ができる。マーカーの配置も同様だ。例えば4対1のトリカゴをする時、エリアを決めずにいると少しずつ可動範囲が広がってしまい、本来受けるべきディフェンスのプレッシャーから逃れてしまうことにもなる。実際の試合ではエリアが決まっているのだから、練習でもエリアを決める。4つの角にきちんとマーカーを置くだけで、トレーニングの質は間違いなく上がるものだ。

PRACTICE

Setting Sample

ピッチのセット例

A ミニゴールを離して置く

RUN —
PASS - -
DRIBBLE

守備側は、フルサイズゴールを守る。これで試合と同じ感覚でディフェンスを磨くことができる。また、守備側がボールを取った際はクリアだけでなく、MF へのパスを意識したカウンターアタック用にミニゴールを利用。例えばボールを取った後は、MF のパスを想定して、狙ったミニゴールへ正確にパスを出していく。

B ミニゴールをくっつけて置く

RUN —
PASS - -
DRIBBLE

守備側は、カウンターアタックでフィニッシュまでもっていく。フィニッシュはミニゴールのどちらでも良いのでボールを確実にゴールの中へ入れるように。例えばAの場合よりも、より守備に不利な人数を設定し、守備側がミニゴールの中へクリア、またはパスで OK とする。

KEYPOINT

A,B どちらにしても、攻撃側は常にフルサイズゴールに向かってシュートを打つことになり、攻撃の感覚はもちろん、GK キーパーも角度や動きを調整することができる。ゴールを動かすことができれば、上記の例のように工夫して、チームの弱点を克服する練習が可能となる。

AIG

Chapter 02

PRACTICE

ネクストレベルへ到達するためのプログラム

P060-P099

PRACTICE-01

WARM UP

ウォームアップ

心がけたい4つの準備

日本に限ったことではないが、ウォーミングアップが十分になされていないという現象は特にアマチュアレベルに多い。サッカーのプレーの中で「準備」が重要であるように、エリートであるためにウォーミングアップから意識を高めることはとても大切だ。では、どうやって準備すればいいのか。ここでは4つの準備について説明していく。

[身体の準備]
本気で戦うのであれば当然身体に負荷がかかる。その負荷に耐えること。さらにはケガの予防にもつなげるために以下のことを目的としたい。

■体温を上げる
■心拍数を上げる
■血の循環を良くする
■肺を開いて酸素をとり入れる
■ダイナミックな（大きな動きの）ストレッチ

[テクニックの準備]
ボールに触り、サッカーの動きを用いながら、その感覚を身体に伝えること。この感覚を、ウォームアップの時点で体に習慣づける意識を持ちたい。

■たくさんボールを触ること
■試合をイメージしたサッカーの動き（緩急やパススピードを意識）
■視野を拡げること

[脳の準備]
サッカーは判断のスピードが鈍ければ多くの機会を失う。頭の準備も大事である。

■ひとつひとつを集中して行うこと
■失敗をできるだけ早く修正する反応の速さ
■難しいと感じるまでスピードを上げること

[メンタルの準備]
練習は競い合いの場であり、自分自身の上達の場である。これを強く意識していよいよ始まる練習に喜びを感じたい。

■失敗を恐れないこと
■チャレンジ精神を持つこと
■弱気との戦い
■競い合っている感覚を持つこと
■サッカーに対する愛情や欲求を全て出す準備

以上のようなことを意識してウォームアップに取り組めば、スムーズに練習へと入れるはずだ。

STORIES

Short Story Of Basical Training

基礎練習で蘇ったディディエ・ドログバ

2008-2009シーズンの話し。チェルシーでスランプに陥っていたディディエ・ドログバは、フース・ヒディンク監督の就任後、見事に復活を遂げる。その理由は、ヒディンク監督にFWとしてのボールの受け方を指摘され、このトレーニングを地道にやり直したことが大きかった。立ち止まってボールを待っていては全てインターセプトされてしまう。もっと動きを入れるべきだ、というヒディンク監督の指摘を受け、シンプルな基礎練習に徹底的に取り組んだドログバ。ワールドクラスの技術を持つドログバでさえ、シンプルなオフ・ザ・ボールの動きをひたすら練習し直したのだ。世界のトップレベルでも、アマチュアと全く同じ基礎練習を行う。「どれだけミスが少なくできるか」「どれだけスピードを上げれらるか」。こうしたことを意識して、ウォームアップから身体と気持ちを高めている。もう既にできていると思っていた動きでも、あらためてひとつひとつチェックしていくことは、選手にとって非常に重要なことなのだ。

PRACTICE-01

WARM UP

ウォームアップ

ウォームアップで、スピードを"習慣化"する

名門ウエストハムの育成部門からリーズ・ユナイテッドを経てマンチェスター・ユナイテッドの一員となったリオ・ファーディナンド。今では世界的なDFとなったリオだが、彼がマンチェスター・ユナイテッドに加入した直後は、慣れるのに相当な苦労をしたという。苦労した理由は、チームのスピード。今までにないスピードで動く練習に慣れるのに、1年前後かかったと言われているほど。その練習の名物となっているひとつが、非常に速いスピードで行うトリカゴだ。

それぞれのクラブにはそれぞれの哲学がある。名門マンチェスター・ユナイテッドの場合は、「10m四方の範囲でスピーディにボールをつなげれば、必ず良いサッカーができる」というもの。これはチームの伝統的なスタイルであり、このことこそが、世界のトップに君臨している大きな理由ともなっている。彼らはこのスピードを試合で使えるようにするため、日々の練習で"スピードを習慣化"することに努めている。そして毎日の練習のベースにあるのが、ユナイテッド式の「トリカゴ」なのだ。内容はいたってシンプル。極めて狭いエリアで行う4対2、5対2といったチームを構成しボールを奪い合う。ただし全ての動きをハイテンポで行い、必ず強いインパクトのパスでワンタッチ、などとルールを決めてゲームを進めていく。特徴的なのは、守備側がビブスを着ずに、手に持ってプレーすること。攻撃側からボールを奪取したら、すぐに攻守を入れかえるため、ビブスを脱ぐ手間と時間を省くのだ。ビブスを脱ぐ時間さえも休まず、スピードを追求するマンチェスター・ユナイテッド。ウォームアップから練習終了まで、常にテンポを意識しているからこそ、試合でスピーディなパス回しが可能となるのだ。

リオ・ファーディナンドはフィジカルの強さや読みの鋭さと同時に、パスの精度も非常に高い。ハイテンポで動く試合の中でも正確なパスを出せるのは、日頃からトリカゴなどでのスピードに慣れているからこそだ

PRACTICE

Warm Up Menu

ウォームアップ例

1 Manchester United
マンチェスター・ユナイテッド

RUN —
PASS - -
DRIBBLE

10m 四方、あるいは 12m 四方程度の狭いエリアを設定。この中で 4 対 2、5 対 2、6 対 2 といったチームを構成し、ボールを奪い合う。ハイテンポで行うことや切り替えのスピードを意識し、狭いエリア内でも守備の間を狙う正確なパスを実践する。守備側の 2 人はビブスを手に持ち、攻守交代の時はすぐさまビブスを手渡しし、休む間を作らないのがポイント。

2 Total Football Warm Up
トータルフットボール・ウォームアップ

RUN —
PASS - -
DRIBBLE

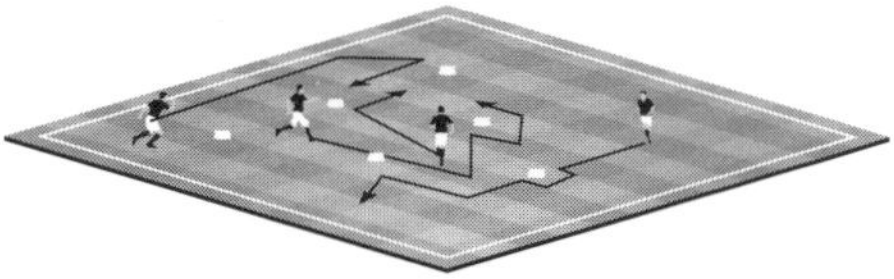

10m 四方程度の狭いエリアに数人が入って行う、ウォームアップ方法。ボールは使わない。選手はマーカーや他の選手にぶつからないよう小刻みに方向転換しながらラン。試合での状況を想定して、スピードの急激な変化も意識して走る。空いているスペースやマーカーを見つけることで、視野確保のウォームアップともなる。

3 Stretch & Dribble
ストレッチ&ドリブル

RUN —
PASS - -
DRIBBLE

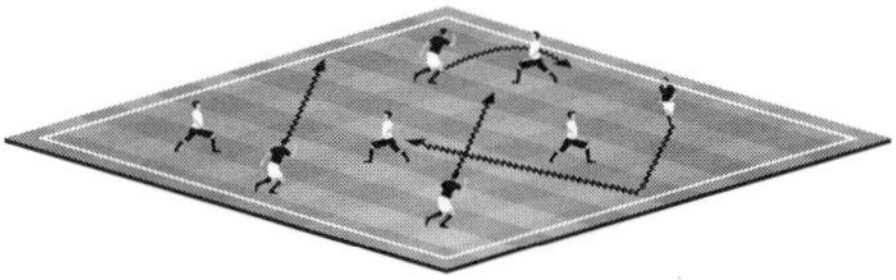

同じエリアのなかで 10 名はストレッチ。他の 10 名はストレッチをしている選手の間をぬってドリブルを繰り返す。FC バルセロナのユースチームでも、このように、プレッシャー、障害のある狭いエリアでボールを扱うウォームアップを頻繁に行っている。

ストレッチをする選手……
脚や体幹の筋肉を入念に伸ばす。足の振りの可動範囲を決める股関節、走る時に重要なハムストリング（モモ裏）やふくらはぎ、ボールのインパクトに関わる足首などを特に意識する。

ダッシュをする選手……
ストレッチをしている選手をぬうようにダッシュ。方向転換やスピードの緩急などを工夫して、単なるジョグにならないよう、試合での走りに向けてウォームアップ。身体を温めると同時に、密集で抜け出す感覚も研ぎすませられる。

DRIBBLING

ドリブル

基本を磨いて大成功した、クリスティアーノ・ロナウド

言うまでもなくドリブルはとても重要なテクニックのひとつである。そして、ナイキ・エリートトレーニングで見てきた多くの選手たちはドリブルがとても上手かった。ところがそのように技術レベルの高い選手たちが、いつどこでドリブルを使うかを間違い、失点や大ピンチを招く傾向があることも伝えなければならない。

クリスティアーノ・ロナウドがマンチェスター・ユナイテッドに移籍して来た当初、アレックス・ファーガソン監督は彼をトップチームから外したりしながら成長を促した。これは、信じられないほどのスピードでシザースを繰り返し、相手3人をかわしても、その後に効果的なシュートやパスが出ていなかったからだ。そしてロナウドはこの時期、「状況判断」をみっちり学んだ。自分の特徴であるスピードとドリブルをどう活かすことが勝利につながるか。これを意識しながらトレーニングを積んだ結果、2007-2008シーズンは見事にプレミアリーグ得点王、チャンピオンズリーグ得点王、ゴールデンブーツとタイトルを総ナメにした。そこにはどんな成長があったか、秘密に迫ってみる。

クリスティアーノ・ロナウドの成長1
ハイプレッシャーの中でもしっかり出せる、1つか2つの得意なフェイントを磨いた。つまり技の数より質を重視した訳だ。

クリスティアーノ・ロナウドの成長2
フィニッシュのため、クロスをあげるため、パスのためといった具合に、フェイントの目的を明確にした。状況にあった技の選択ができるようになったのだ。

クリスティアーノ・ロナウドの成長3
敵の反応を意識したフェイント、ドリブルを磨いた。より効果的な動きを追求し主導権を握れるようになった。

クリスティアーノ・ロナウドの成長4
逃げるのではなく、仕掛ける気持ちでアプローチするよう努力した。自分の行きたい場所へというより、敵のいやがる場所へボールを運ぶということになる。

クリスティアーノ・ロナウドの成長5
フェイントの前でなく、抜いた後の動きを意識し、スピードの持続、ボールタッチ、体勢などを磨いた。

クリスティアーノ・ロナウドの成長6
ドリブルの基本である、スピードの急激な変化、方向転換、相手の重心の裏をとること、ダイナミックな動きを一層磨いた。

ここから学ぶことは多いはずだ。基本をあらためて修得するため、右のドリルにチャレンジしてほしい。

PRACTICE

The Drills

ドリブルの目的を意識する

1 For The Goal
フィニッシュのためのドリブル

RUN —
PASS - -
DRIBBLE

どちらかのサイドからゴールを目指す攻撃1人と守備1人＋GKの設定。中央、ライン際のどちらを抜いてもいいので、ドリブル後、必ずフィニッシュへ持っていく。

2 For The Goal ×
フィニッシュのためのドリブル
失敗例

RUN —
PASS - -
DRIBBLE

守備側に進行方向を読まれてブロックされたり、せっかく抜いてもGKにブロックされては意味がない。抜いた後のこともきちんと考えてドリブルすること。

3 For The Passing
パスのためのドリブル

RUN —
PASS - -
DRIBBLE

攻撃側2人、守備側2人＋GKの設定。ドリブルの後はパスを出すと決めておけば、動きも変わってくる。2人で連動してドリブルを生かしたい。

4 For The Center
クロスのためのドリブル

RUN —
PASS - -
DRIBBLE

守備の動きを見てコーナー方向へ抜き、クロスをあげるためドリブル突破。どうすればライン際を抜けるか、敵の重心や視線を意識しながら突破を試みる。

KEYPOINT

01 | ドリブルが目的ではなく、何のためにドリブルをするか意識して練習に取り組む
02 | 自分のやりたいドリブルでなく、敵を見ながらのドリブルを意識する
03 | 相手に主導権を握られないよう、常に仕掛ける気持ちを持つ

PRACTICE-03

SHOOT

シュート

簡単な状況でのシュート練習は効果が薄い

サッカーの勝利を決めるものはゴール。ではそのゴールを決めるものは何だろうか。当然だが、答えはシュート、となる。シュートは勝利を決めるために最も重要な技術であり、だからこそサッカー選手である以上、最も時間を費やす必要がある。それほどまでに「ゴールを決める」という行為は難しいことなのだ。

とにかく、ゴールをさせまいと守備をする相手選手のプレッシャーや限られた時間の中で結果を残さなければならない。そのためには毎日の練習で、様々な習慣を身体に染みつけておかなければならないのである。まずは、シュートの練習時間をきちんととること。そしてシュートの練習だと強く思うことだ。そう考えると攻めやすい状況でのシュート練習はあまり意味がない。シュートの技術を磨くための練習なのに、ゴールから5メートルの距離までドリブルし、誰でも決められる状態からシュートを打っても、技術の上達には繋がらないのだ。逆に、自分が難しいと感じるシュートを簡単に決められるようになって初めて上達したと言える。分かりやすく言えば、長距離砲、ダイレクトシュート、難しいボレーシュートなど。シュート練習の時間にはこうした課題をかかげ、積極的にチャレンジすべきだ。

例えば、ダイレクトシュートだけを練習する利点は数多い。ダイレクトシュートをベストの状態で打つためにはスペースを確保しなくてはならない。つまり、目的を持ったオフ・ザ・ボールの動きも修得できることになる。また、ダイレクトシュートをベストの状態で打つために最も良い身体の姿勢も身につけられる。そしてシュートを打つ！という迷いのない積極的な心理状態に身を置けるのだ。

また、ファーポストを狙うシュート練習も効果的だ。基本的に、GKはニアポストを防ぐよう指導されるので、ファーポストが広くなることが多い。ニアポストのボールはGKに触れられたら良くてコーナーキックだが、ファーポストのボールはこぼれ球になることが多い。つまりチャンスを拡げる練習になるという訳だ。

できるだけ難しい状況でテーマを設定し、積極的なシュート練習を心がけたい。

パスのように正確なフィニッシュを得意とするヴェスレイ・スナイデル。プレッシャーにも強く、少ないタッチでシュートエリアまで持ち込み、常にゴールをうかがう姿勢はMFなら見習いたい

PRACTICE

Shooting Game

シュートを磨くドリル集

1 1vs1 Shooting Game
1対1 シュートゲーム

RUN —
PASS - -

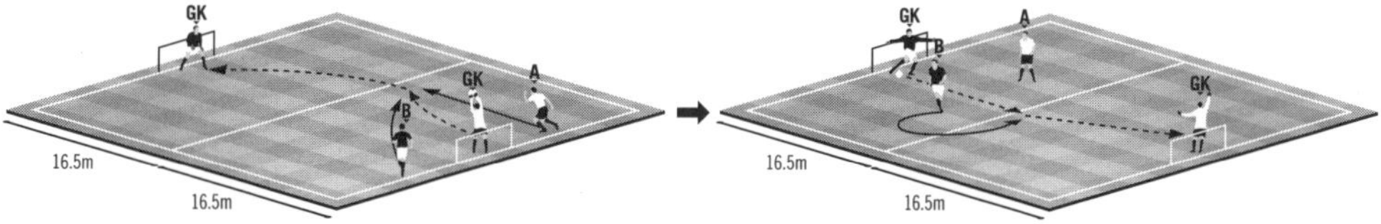

ペナルティボックス2つ分の狭いエリアで行う。味方のAがダイレクトシュートを打ちやすいようGKがパスを出してスタート。Aはそのボールをダイレクトでシュート。ファーポストを狙う。Bはピンチをイメージしながら A にプレッシャーをかけ続ける。BまたはB側のGKがボールを奪ったら攻守を素早く切り替え、Bはダイレクトシュートで A 側のゴールを狙う。

2 2vs1 Shooting Game
2対1 シュートゲーム

RUN —
PASS - -

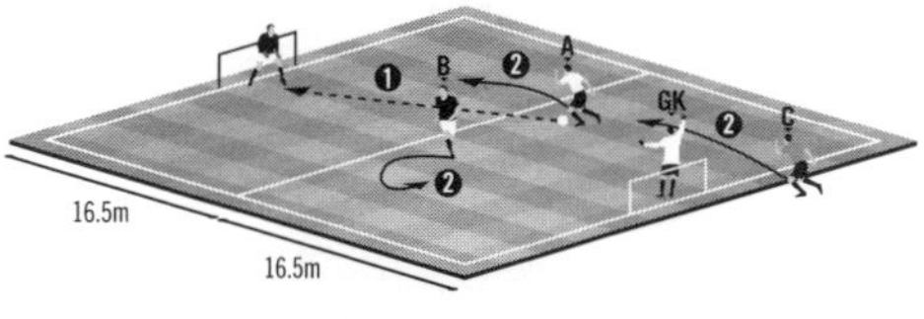

上の1の進化形。GKからパスをもらったAはシュート。その直後、Aと味方のCがコートに入り攻撃参加。AのシュートがGKに捕られた後はすぐに攻守が逆転。Bが攻撃側となると同時に、AとCは守備側となる。Bは、Aが狙うゴールとは逆のゴールにすぐさまシュートを狙う形となる。

PRACTICE-03

SHOOT

シュート

瞬時に考え、判断して動き、感覚を養う

シュート練習では、試合中に起こりうる全ての状況において、やるべきことに全力を尽くすべきだ。その時、求められるのが予測と反応である。GKがこぼしてから反応するのか？それともGKがこぼすと思って既に突っ込んでいるのか？ GKがキャッチしたらそのとき自分は何ができるのか？最初のディフェンスは？味方に指示を出すのか？こうした全てのことを考える習慣づけを行う。そして瞬時に回答を得て、ベストな行動をとれるようにしておきたい。

そのために必要となってくるのは「判断力」でもある。練習で厳しい状況を想定していなければこの判断力を磨くことは不可能だ。守備をつけてシュート練習を行う場合は、「打つか、打たせるか」という一瞬の判断が必要だ。自分で打つのではなく味方に「打たせる」と判断すれば、どこが打ちやすいスペースか、どうすればそこにパスが出せるのかを決定していくことになる。この時、重要なのは、より正確で速い判断力を身につけるため「最初はあくまでシュートを狙う」ことである。シュートを狙っておいて、状況に応じてパスを選択する、という頭と身体の反応が、決定機を作りだすのだ。

そしてシュート練習で注意すべきは「失敗を恐れない」ことだ。たとえシュートが外れてとんでもない方向へ飛んでいったとしても、次に決めれば問題ない。大切なのは常にポジティブでいることができるか。一度外すとすぐに自信をなくしてしまったり、残念な気持ちが後をひいたりする選手も多い。しかし、エリート選手ほどそれを次のシュートへのモチベーションへと利用しているのだ。シュート練習ではこうしたメンタル面も磨いていきたい。

シュートには自信と感覚が大事だ。そのためにはより試合に近い状況で。例えば止まったボールをシュートしてもあまり意味がない。だから必ず動いているボールを打ちこむ。ゴールの感覚を忘れてしまった時には不安もついてくるはず。だからこそ、その感覚を大切にするため、継続的に毎日取り組んでほしい。

セルヒオ・アグエロは俊敏性ばかりが注目されるが、そのタフなフィジカルでしっかりと軸足を固定し、プレッシャーのなかでも有利な体勢を取れるのが強みだ。シュート技術ももちろんだが、シュートを打つまでの持っていきかたに巧さが光る

PRACTICE

Shooting Game

シュートゲーム

1 Shooting Game 8vs8

シュートゲーム 8 対 8+ フリーマン

PASS - -
DRIBBLE

プレッシャーのなかでベストなシュートを打つ

ペナルティボックスのエリア内に A8 人対 B8 人（それぞれ GK も含む）、エリア外に 8 人のフリーマンを置く。とにかくシュートを狙い続けるゲームだが、縦に短いため、どこからでも狙える点がミソ。攻守の切り替えも速いので常に高い緊張感のなか、シュート技術や反応を磨ける。サイドで行き詰まったら数多くいるフリーマンを有効に使うこと。ヨーロッパのクラブチーム、代表チームなどでは一般的に行われているベーシックかつ効果的なシュートゲームだ。

2 Diamond's Forever (FA)

ダイヤモンド・フォーエヴァー（イングランドサッカー協会）

PASS - -

ペナルティエリア 2 個分のコート。コートを菱形に区切ることで、どこからでもシュートを意識するトレーニングとなる。それぞれの選手はハーフラインを超えることができず、数的優位にたつ自陣から積極的にシュートを狙っていく。プレーは常に GK からビルドアップしていく。イングランドサッカー協会 (FA) では定番として古くから推奨されているトレーニングだ。

KEYPOINT

01 | プレッシャーのなかでシュートを打つことで、どうすれば有利な体勢がとれるかを覚える
02 | 敵がかなり接近してきたらその方向に下半身をしっかり入れ、慌てずシュートを打つ

JUVENTUS
NEW HOLLAND
FIAT GROUP

COLUMN

NIKE FOOTBALL+ MENU-2

世界のトップ選手、トップコーチが実践するワールドクラスのメニュー

MASTER ACCURACY *Juventus*

ユベントスのシュートトレーニング

鋭いカウンターを得意とするイタリアのユベントス。
確かなシュートを決めるためのトレーニングを紹介。

1 STOP&SHOOT
ストップ&シュート

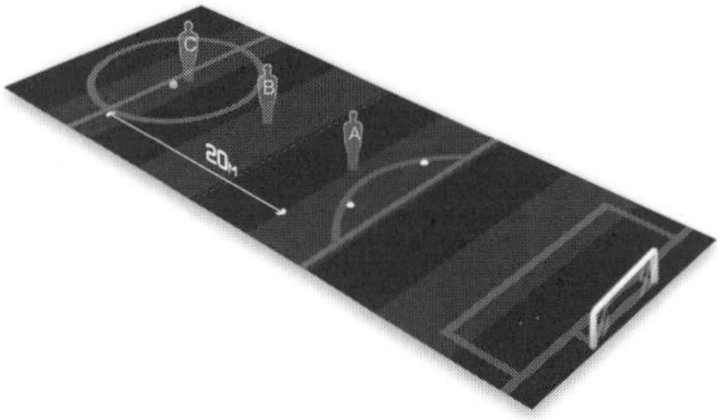

CがBへパス。Bはコーンの間へスルーパス。ゴールに背を向けたAはシュートを打ちやすいよう、ターンし、角度を付けてコーンの間に入ったボールをトラップ後、シュート。これには正確なシュートの基本技術が2つ含まれる。ひとつは、シュートを打ちやすいよう角度を付けてコーンの間へ走り込むこと。もうひとつは、インパクトの際、軸足をゴールに向けて打つことだ。

少ないチャンスでも確実に生かすため、充実したシュートのトレーニングに力を入れるユベントス。質の高いカウンターにはシュートの精度が不可欠だ

2 STANDING VOLLEY
スタンディングボレー

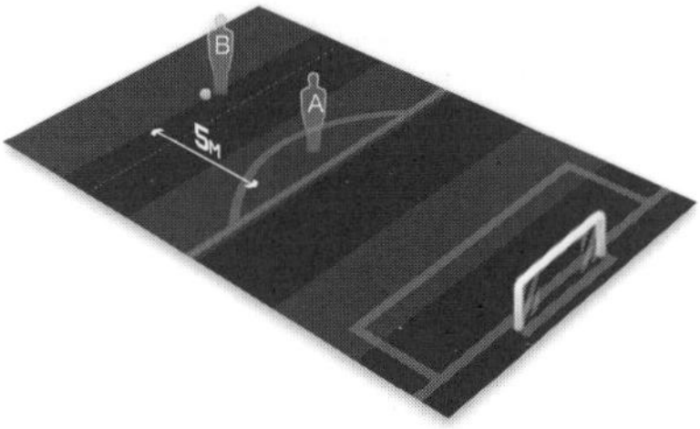

BがAにボールをトス。Aは胸でトラップ後、体をひねりながらゴールへ向き、ダイレクトでシュート。上体をひねってトラップする際、どこにボールを落とせばシュートが打ちやすいかを意識。正確なトラップを心がける。

3 DRIBBLE&SHOOT
ドリブル&シュート

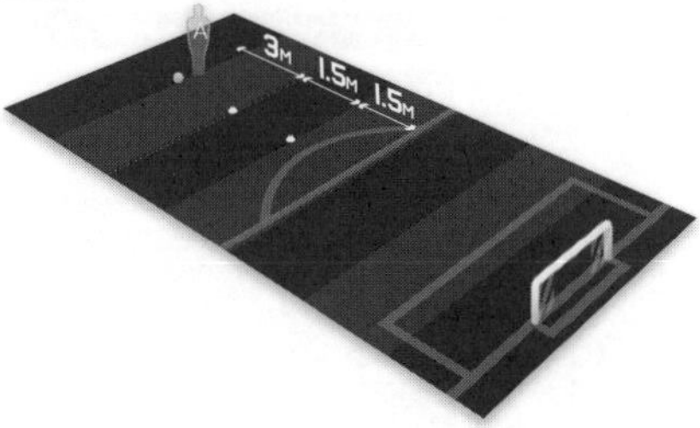

コーンの間をドリブルで抜け、ゴール前でシュートを打つシンプルなドリル。必ずゴールのサイドを狙う正確性を心がける。コーンの間のドリブル時は、ボールの動きを上体で捉える感覚で。軸足を常にボールの近くにキープしながら、前進すること。右効きは左サイドネット、左効きは右サイドネットを確実に狙う。

PASS&CONTROL

パスとコントロール

トラップ＝コントロール

現代サッカーにおいてボールの支配（ポゼッション）は極めて重要になってきている。p34 の分析結果でも、現代のサッカーは速くて低いパスのサッカーが特徴だということが分かった。当たり前だがボールを持っているチームしかゴールすることはできない。その展開を速くするためには、次のプレーのためのトラップもまた重要だ。つまり、正確なパスとトラップは常にセットになっていて、この 2 つを強く意識した練習は非常に重要だということになる。

突然だが、トラップは日本語でなんと言うだろう。よく言われるのが「止める、蹴るの技術」という言葉。しかし、トラップとは、本当にボールを止めることを指すのだろうか。日本でいうトラップは、英語で考えてみるとコントロールといった方が正しい。つまり、トラップとは「次のために、操作をする」という意味を持つアクションなのだ。こう考えてみても、パスとトラップは切っても切れない技術だということが分かる。

パスのレベルアップ 3つの要素

How? ― どのように？
テクニック。ショート、ミドル、ロングそれぞれの精度が高いか？種類別のパスを徹底的に磨く。

When? ― いつ？
パスのタイミング。いつ展開するのか、いつワンツーで仕掛けるのか、いつスルーパスをするか、最高のタイミングを修得。

Where? ― どこ？
どこにパスを出すか？足元？スペース？横パス？深いエリアへのパス？どこへ出すのかを正確に判断できるように。

KEYPOINT ― パスの種類繰り返して練習したい

レンジ	特徴	キックのコツ
ショートパス	**パンチパス** インサイドでボールをスパン！とパンチするように見えることからこのように呼ばれる。	・まずは浮かさない ・軸足はボールの真横に置く ・インパクトはひきずらずにインサイドで
ミドル＆ロングパス	**インステップパス** 逆サイドへ展開する時の鋭く早いパス。ふんわりとした相手 DF の裏へのパスの 2 種類がある。	・軸足はボールの真横に ・蹴り足は寝かせてインステップでミート ・ボールの真ん中をとらえる
	インサイドのスワーブパス センタリングなどに使う内側に巻いたパス。様々な角度のキックを使い分けられればさらに武器となる。	・軸足がボールから離れすぎない ・親指から足の真横までしっかり使い、摩擦をかける
	逆回転パス 逆回転をかけて、スペースや足下に止まるパス。主に、味方が次のプレーをしやすくするために使う。	・足は振りきらず、鋭く振って止める ・つま先をボールの芯の真下に突き刺す

PRACTICE

The Drills

パス&コントロールを磨くドリル集

1 Guus Hiddink's Menu
フース・ヒディンクのパスドリル

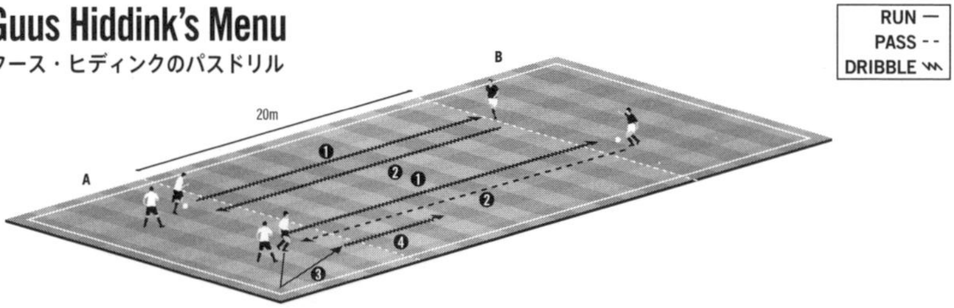

20m の両端に数人づつ配置。1 ～ 2 までのメニューを順番にこなしていく。
1……A が B の方向へドリブル。ボールを受けた B も A の方向へドリブル。タッチ数を増やしてボールの感覚を敏感にしていく。
2……A が B の方向へドリブル。ボールを受けた B は 2 タッチで A 方向へパス。A の後にいた C は一度後方へ戻って（チェックの動き）、再度前方へ出てパスを受け、ドリブル。
これらを数回行った後は浮き球のパスなどでバリエーションをつけていく。

2 Short Short & Long
ショート、ショート、ロングのパスドリル

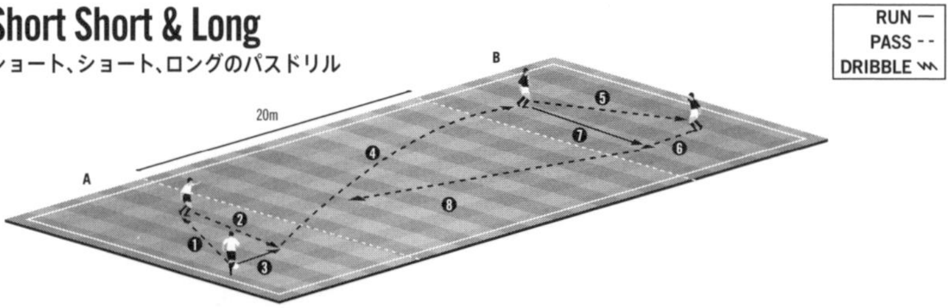

A 側に 2 人、B 側に 2 人を配置。A 側の 2 人でショートのパス交換を 2 回行ったら B 側へロングパス。B 側でもショートパスの交換を 2 回行ってから A 側にロングパス。ショートを 2 回、ロングを 1 回というパスのリズムをチームで身体に染みこませる内容。敵をひきつけた後、有利に展開したり、ポゼッションしながら良いタイミングで縦パスを入れたりする際に、このパスのリズムが生きる。もちろん全てのパスを正確にテンポ良く行う。例えば FC バルセロナのように美しくリズムのあるパス回しは、このようなドリルの反復によって生まれる。まさしくこのトレーニングは、中盤で敵をひきつけてからゴール前にキラーパスを出す、FC バルセロナのような攻撃を意図してのものだ。

PRACTICE-04

PASS&CONTROL

パスとコントロール

大切にしたいパスのリズム

前ページで紹介した「ショート、ショート、ロング」のパスリズムは、シンプルなフェイントと同じ技術。つまり、フェイントは1対1で敵を抜くためのもの。効果的なパスのリズムはチームとして、敵を崩すためのものなのだ。攻撃する際有効となる1つの手法が、相手を引きつけておいてから、展開するというパターン。ショート、ショートとつないでから、ロングパスで展開、または縦にパスをつなぐと、チャンスが拡がることが多いのだ。このリズムをチームとして身につけておけば、全員の動きだしも早くなり連動性も生まれるのである。短いパスを上手につないだ後、ダイナミックな展開を挟んでチャンスをつくるのが上手いイングランドのアーセナル。キックの技術とともに、全体として息の合ったリズムを意識しているはずだ。

PRACTICE

The Drills

パス&コントロールを磨くドリル集

1 3Teams Pass
3 チームパス

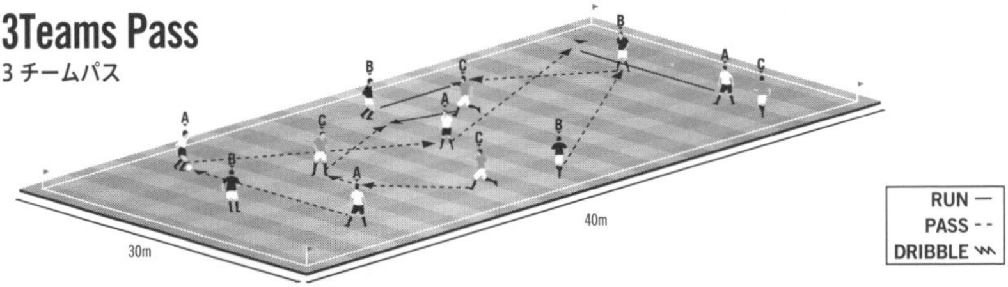

１つのグリッドの中に３チームが同時に入る。それぞれのチーム内でパス回しをするというシンプルなルールだが、複数の選手がランダムに動くリアルな状況で、正確なパスが求められる。敵からのプレッシャーはないので基本ポイントを確認しやすいのもメリットだ。スペースの使い方、ボールスピードに注意しながらテンポを上げていく。慣れてきたら２タッチルールや、１タッチルール、ショートショートロングルールなどを採り入れる。ドリブルは原則的に禁止。FC バルセロナ、アーセナルなど、美しく早いパス回しを武器とするチームには、ここで習得できるようなパスとコントロール技術が不可欠だ。

KEYPOINT – パスドリルの中で意識したいこと

01. 視野の確保
・スペースを上手く利用できているか？
・トラップするときに身体がしっかり開いているか？
・次のプレーまでがスピーディか？

02. ファーストタッチ
・目的はあるか？
・身体は開けているか？

03. パス
・パス&ゴーはできているか？
・試合で通用するボールスピードか？

04. オフ・ザ・ボール
・ボールを受ける前、周囲が見えているか？
・緩急の変化は？

05. コミュニケーション
・ボールを要求する声とジェスチャーは？

COLUMN

NIKE FOOTBALL+ MENU-3

世界のトップ選手、トップコーチが実践するワールドクラスのメニュー

CONTROL IS EVERYTHING *F.C. Barcelona*

FC バルセロナのボールコントロール・トレーニング

圧倒的なスキルで世界の頂点にたつバルサ。
基礎的なコントロール術を磨くトレーニングを紹介。

1 CONTROL&PASS コントロール&パス

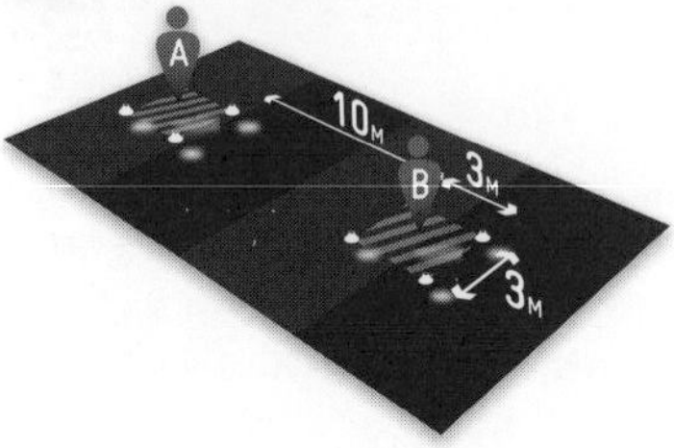

AとBは10m離れたそれぞれのエリアに分かれ、パスを出し合う。トラップの時もパスを出す時も狭いエリアから出てはいけない。正確なファーストタッチとボールコントロールが求められる。エリア内では2タッチまで。低く正確で早いパスを心がける。シンプルだが繰り返すことで確実な効果が得られる。

ボールコントロール技術を極めるため、多彩なトレーニングを実践しているバルサ。狭いエリアでの正確性はこうした努力から生まれる

2 DIRECTIONAL CONTROL ディレクショナル・コントロール

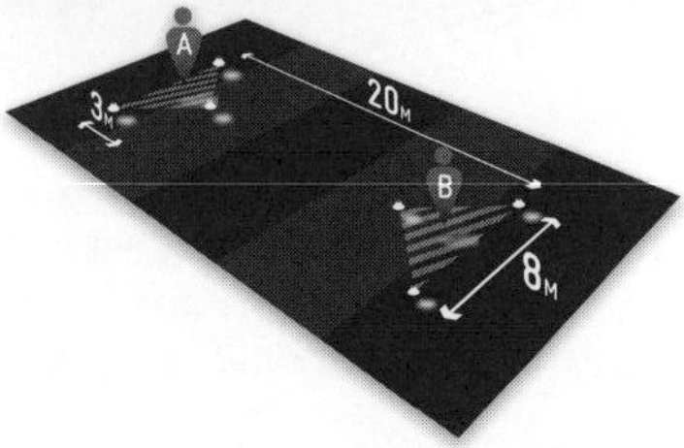

20m離れた三角形のエリアでAとBがパスを出し合う。三角形の頂点を自分の前に見て、右側から受けたパスは左側からパスを返し、左側から入ったパスは右側からパスを返す。ファーストタッチで思い通りの場所へボールを置けるかが問われるトレーニング。

3 CROSS&CONTROL クロス&コントロール

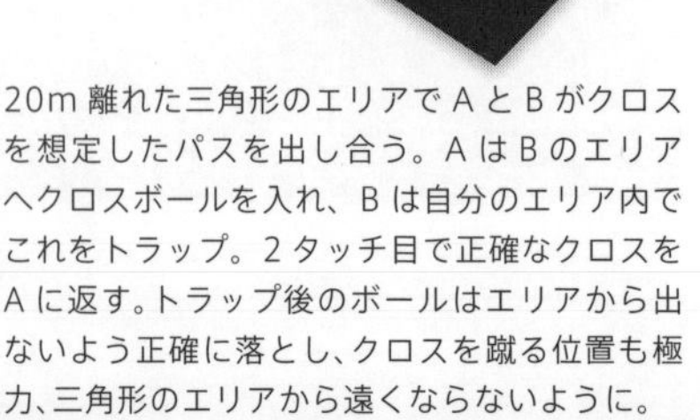

20m離れた三角形のエリアでAとBがクロスを想定したパスを出し合う。AはBのエリアへクロスボールを入れ、Bは自分のエリア内でこれをトラップ。2タッチ目で正確なクロスをAに返す。トラップ後のボールはエリアから出ないよう正確に落とし、クロスを蹴る位置も極力、三角形のエリアから遠くならないように。

unicef
LFP

PRACTICE-05

DEFENCE

ディフェンス

原則を理解し、やるべきことを全て確実に行う

相手にゴールさせない。そしてボールを奪ったら攻撃をする。守備はそのためにある。守備は組織によるハードワークによって形成されるもの。臨機応変に形を変えて組織を持続させるためには、原則を全員が理解した上でコミュニケーションを密にしていくことが重要なポイントとなってくる。海外でも多くのプロクラブがチーム作りの最初の段階で、組織的なディフェンス練習を行う。その理由もチームワークを構築する目的があるからだ。そして、日本人選手はコミュニケーションがひとつの課題でもある。なおさら、守備の練習において、コミュニケーション能力を磨くという要素が重みを持ってくるはずだ。

守備を構築するうえでまず必要なのは、原則を全員が理解すること。それには右のようなドリルを続けることが重要となる。

そして責任感。ディフェンスの基本に「プレッシャー＆カバー」というものがあるが、ただプレッシャーをかける、ただカバーするというのであれば全く意味がない。それぞれの仕事を必ず全うするという強い使命感のもとにプレーしなければならない。例えばセンタリングがあがって、誰が競るのか、だれがこぼれ球を狙うのか、それがハッキリしないと、「ゴールを奪う」というハッキリした意思をもっている相手ストライカーに主導権を握られるであろう。逆に責任感が強い守備をすれば、次に何が起こるか味方が予測しやすくなり、相手の次のプレーやこぼれ球に速い判断で対応することができる。

さらにパスの技術も守備に含まれる。いくらボールを奪うのが上手くても、ボールを奪えば「守備の選手」でなく、「攻撃の最初の選手」となる。その時にパスが悪ければまた相手ボールに逆戻りしてしまう。ボールを奪った後、素早く攻撃に移る。守備練習ではここまでをきちんと意識したい。

一人がさぼって組織が崩れ落ちる。その瞬間に相手の攻撃が加速して一気に失点に繋がってしまうというケースはよくある。良い選手であればあるほど、「簡単にゴールはされないだろう」という甘い考えが頭によぎらないよう、毎日のトレーニングで手を抜かないのだ。

ある試合で、ゴールのカバーに入ったカルレス・プジョル。その後飛んできた強烈なシュートを顔で止め、フラフラになりながらもボールを探していたほどの闘志の持ち主だ。守備にはこうしたハードワークの精神が不可欠だ

PRACTICE

The Drills

守備のセオリーを学ぶドリル集

1 1vs1 INTERCEPT
1対1インターセプト

RUN —
PASS - -
DRIBBLE

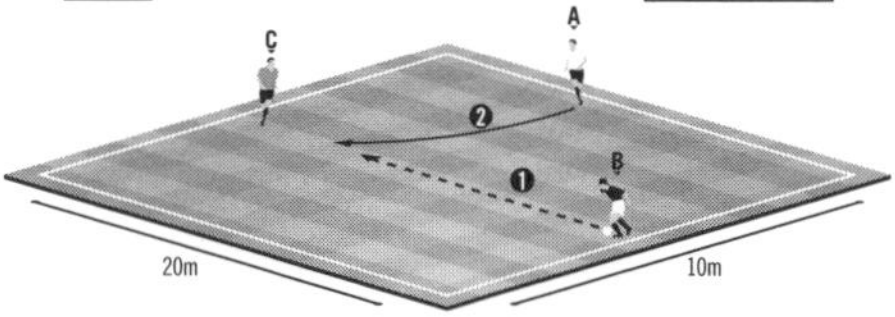

BがCへパス。Aはこのパスのインターセプトを試みる。失敗した場合はCに対してAが1対1の守備。B方向へ向かうCをAは阻止する。

2 1vs1 BASIC
1対1ベーシック

RUN —
PASS - -
DRIBBLE

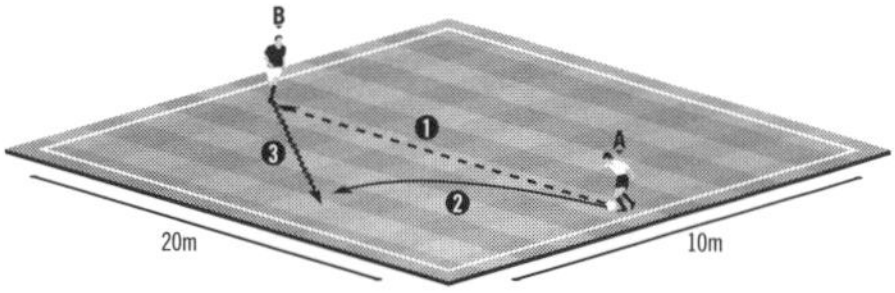

AがBへパス。Bはドリブルで A方向へ。Aはこれを守備。AはBをサイドライン際に追い込むよう、守る。BはA方向のラインへ抜けたら勝ち。

3 1vs2 MINI GOAL×3
1対2ミニゴール×3

RUN —
PASS - -
DRIBBLE

2人の守備はCを阻止。シュートを打たせないのが基本。Aがプレッシャー、Bがカバーと連携。守備がボールを奪ったらカウンターを想定し正確にミニゴールへパス。

4 2vs3 LINK PLAY
2対3連携守備

RUN —
PASS - -
DRIBBLE

攻撃側のDとEをA,B,Cの3人で守備。Aがプレッシャー、Bがカバー、Cがサポート。ボールがEに渡ったら、Cがプレッシャーをかけ、Bがカバー、Aがサポートへと動く。

KEYPOINT — 守備のセオリー

01 | 半身である程度の距離をキープし、敵のスピードやフェイントに対応できるよう守備
02 | 狭い方に誘ったり、利き足を使わせないなど、主導権を握る
03 | 大きなタッチなど敵のミスを確実に狙う
04 | タックルは最後の手段と考える

HEADER

ヘディング

身長を超える、ヘディングの技術

08-09 シーズンのチャンピオンズリーグ決勝。マンチェスター・ユナイテッドには 190cm 超の両センターバック、リオ・ファーディナンドとネマニャ・ビディッチがいた。この 2 人の間をめがけて、FC バルセロナのリオネル・メッシがヘディングシュート。169cm のメッシが打ったシュートに、2m 近いゴールキーパー、エドウィン・ファンデルサールは反応できず、決勝点となった。このシーンが意味するものは、正しいタイミング、スペース、テクニックをつかめば、身長は関係なくヘディングでチームに貢献できるということだ。攻守ともに空中戦を制すれば、試合はどれだけ有利に働くか。こう考えると、足もとだけでなくヘディングの練習をおろそかにすることはできない。

①基本の第一は「見る」こと。頭に当たる前のボールをよく見るだけでなく、ヘディング後もボールを見失わないことが大切。競り合いの時もしっかり見ておくことで、次のこぼれ球に相手より早く反応する。

②第二はインパクト。あごをひき、腕を引きつけて力をためる。額を押し出すどのタイミングが最も力が加わるのかをきちんと確認したい。ポイントは頭を振るのではなく、押し出すというイメージを持つことだ。

③第三は助走。高く飛び、最も高い打点でヘディングをするのが理想。助走はそのための鍵を握る。「タッタッタ」と同じリズムで走るのではなく、最後のジャンプの前に細かくステップを踏み、そこに力を凝縮して、次のジャンプで一気に力をはき出す。その時の助走のリズムは「タターン」というイメージでステップを踏んで、上に伸び上がる。体が大きい相手選手が直立の状態でジャンプをしているのなら、しっかり助走を入れて高く飛べば競り合いを制することもできる。

④第四は落下地点。当然ながらボールが落下する地点から助走を始めたら前に行き過ぎてしまう。大事なのは助走スペースを確保すること。ただ、この作業をゆっくりしている時間はない。目測を誤らないために助走のスタート位置を確認する練習も必要だ。

⑤第五は身体の入れ方。インターセプトと同じように、先に身体が入っていることで競り合いに勝ちやすくなる。競り合いは制空権の奪い合い。相手を押さえ付けてしまってはファールの可能性も出てくるが、先に腕、上半身が空中のスペースに入っていればファールをとられず有利にヘディングができる。この先手をうつタイミングを覚えておきたい。

PRACTICE

The Drills

ヘディングの基礎を磨くドリル集

1 Throw Head Catch (FA)

PASS - -

スロー・ヘッド・キャッチ（イングランドサッカー協会）

攻撃側と守備側にわかれてプレー。攻撃側はハンドパス（手によるパス）、ヘッドでのパス、ハンドパスの順にゴールまでボールを運び、守備側は手でこれを阻止。イングランド代表でも行われているウォームアップ。

2 1vs1 Header Game

PASS - -

1対1　ヘディング

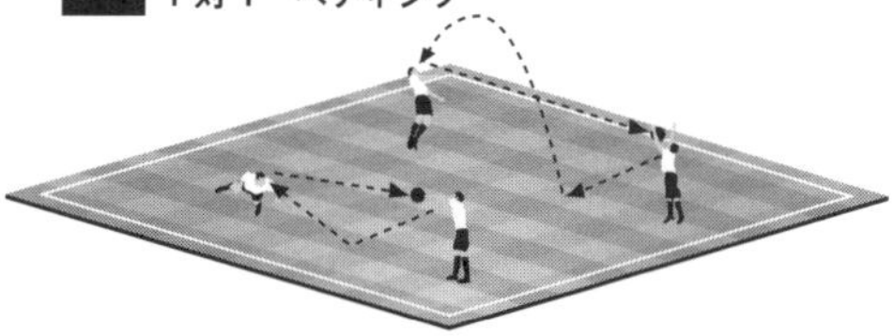

パターン1は、ボールを高くワンバウンドさせた後、正確にジャンプヘッドを狙って相手にボールを返す。パターン2は、ボールを低くバウンドさせた後、低い姿勢でかがみながらヘディングでボールを返す。

3 Jump & Head

PASS - -

ジャンプ＆ヘッド

ジャンプしてヘディングする際、競り合いに負けず、ファールにもならないよう練習。2人の中間点にボールを出してもらい、敵より先に空中を制す。手だけでなく身体を敵方向に寄せながらジャンプし、制空権を握る。

4 Move & Head

RUN —
PASS - -

動きを入れたヘディング

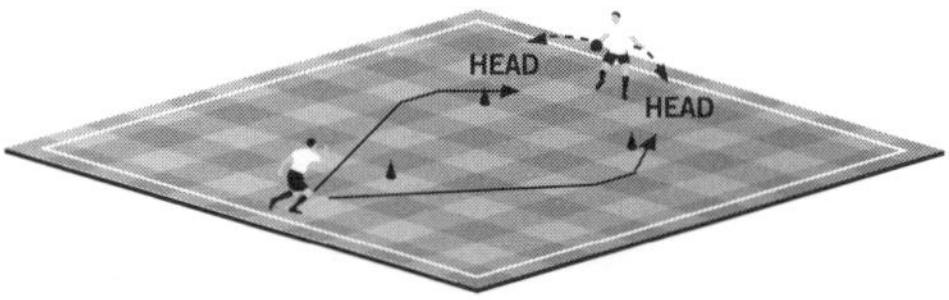

2人組でプレー。ヘディングする選手は、コーンの左側へとトスされたボールの落下地点まで走り、ヘディングで相手の胸へボールを正確に返す。すぐさま元の位置に戻り、今度は逆側にトスされたボールの落下地点まで走りヘディング。これを繰り返す。

ウェイン・ルーニーは175cmとイングランド・プレミアリーグのストライカーとしては小柄。ヘッドでのシュートもあまり多くなかったが、09-10シーズン前にはこれを改善するトレーニングをスタート。効果がすぐに現れ、翌シーズンの公式戦では7得点連続ヘディングでのゴールをマークした。前シーズンまでは316試合でヘディングゴールは4だったルーニー。FWとしての怖さが格段にアップした。

PRACTICE-07

CROSSING

クロス

単調なクロスの練習は、常に試合を意識して行う

敵陣地に攻め込み、敵にとって最も危険なエリア「ファイナル・サード」に侵入したとする。ここでは、全選手がフルパワーでゴールに向かっていかなければならない。このエリアに入り込んだ選手はたとえそれが練習であっても、絶対にゴールする、という気持ちを持たなければならない。

無敵の強さを誇った08-09ヨーロッパチャンピオンのFCバルセロナは、中盤での細かいパス回しが非常に特徴的だ。だがよく見てみると、最終的には相手ディフェンダーの裏へのパスを目的としてプレーしている。そのエリアに入ったボールはもちろん直接シュートもあるが、そこからのクロスボールは敵を脅かす強力な武器となっている。

ここではゴールをとるために非常に有効な、クロスからのフィニッシュに何が必要か。精度を高めるためには何を意識すべきかを考えていく。

クロスの練習で注意すべきは、どれだけ試合を意識してできるか。他の練習に比べクロスの練習は、パターンにはめて行うものが多い。それゆえ「練習のための練習」になってしまうことがある。言われた通り動くだけ。ゴールが入っても入らなくても決まった動きをするだけ。こぼれ球にも反応せずプレーを続行しない。そんな状況に陥ることも少なくない。たとえ予想外の場所にボールがこぼれても全員が真剣に対応し、集中を続ける。公式戦と全く同じように全力でプレーすることが練習の効果を生むのだ。

さらに、クロス練習の際、よくあるのがゴールキーパーへの仕掛けの甘さ。最終的にはゴールをこじ開けなければならないのに、カギを握るゴールキーパーと競り合わないのは、真剣味の薄い練習を象徴していないだろうか。ニアポストではなくゴールキーパー。そういう攻撃側のオプションは存在する。ゴールキーパーへの仕掛けはそれだけチャンスを作り出すからだ。

日本ではトップレベルでもペナルティエリア内の本気の戦いがあまり見られない。日本において常にペナルティエリア内の攻撃が課題となるのは、普段の練習における意識の問題なのかもしれない。

PRACTICE

Secret Of Crossing & Finishing

クロスからゴールまでの一連の流れを分析

クロスの場面を作る	スペース	まずはクロスをあげるためのスペースを作る。ボールを中に運んで敵を中にひきつけたり、中盤でショートパスを連続した直後に裏のスペースに出したり、クロスにはお膳立てが必要。
	崩し	足元でもらうふりをして裏に走り込んだり、フェイントでマークを外す、オーバーラップ、ワンツーなど。スペースへ抜ける選手は崩しの意識が不可欠だ。
	深く入る	GK から離れていく方向への動き。深く敵陣に入りこめればオフサイドの心配がなくなると同時に、敵 DF をひきつけることも出来る。

▼

クロスを入れる	視野	クロスをあげる前に、中央の状況を見る。フリーの選手がいるかもしれないし、選手が走りこめるスペースがあるかもしれない。特にマイナス方向の選手は見落とさないようにする。
	スピード	攻撃スピードが落ちれば敵の守備は枚数が増える。たとえ相手選手なしの練習だとしてもスピードを意識。理想はダイレクトでのクロス。
	技術	軸足を近づけてクロスを上げる方がタイミングが合いやすい。ボールにまわりこんでキックするクロス特有の練習を行っておく。

▼

フィニッシュ	動き	フェイントを入れる。相手の視野から消える。相手の前に突然現れる。ゴール前ではこうした動きに加え、反応するのではなく、先に動き出すことを意識する。敵を惑わすには強くて大きい動きで。
	心理戦	ゴールに対してどん欲な選手。競り合いを恐れない選手。プレーをやめない選手。これら敵にとっていやな選手になることを目指す。さらにはボールを強く要求することも大切。
	フィニッシュ	確率をあげるためまずはダイレクトシュートを狙う。ニア、ファー、マイナスなど、クロスに対してパスコースが複数できるようポジショニングしておく。こぼれ球が必ずあるものと思って準備しておくのも重要。

CROSSING

クロス

執念がゴールをこじあける

スコットランド・プレミアリーグに属するセルティックはリーグ優勝42回を数える名門中の名門。戦い方もボールを奪ったら速攻でサイドへ展開し、徹底してクロスで勝負するという伝統的な戦術を基本としている。何度跳ね返されてもクロスを入れ続ける執念で、敵チームもやがてミスを犯すようになる。たとえフィニッシュに失敗しても、必ず複数の選手がこぼれ球を狙うところも徹底している。多彩な攻撃を繰り広げるチームではないが、クロスとフィニッシュにこだわる戦いはすがすがしくもある。サッカーに必要とされる執念やあきらめないメンタルを、セルティックは教えてくれる。

PRACTICE

The Drills

クロスとフィニッシュを極めるドリル

1 Celtic's Crossing Drill
セルティックのクロス練習

RUN —
PASS - -
DRIBBLE

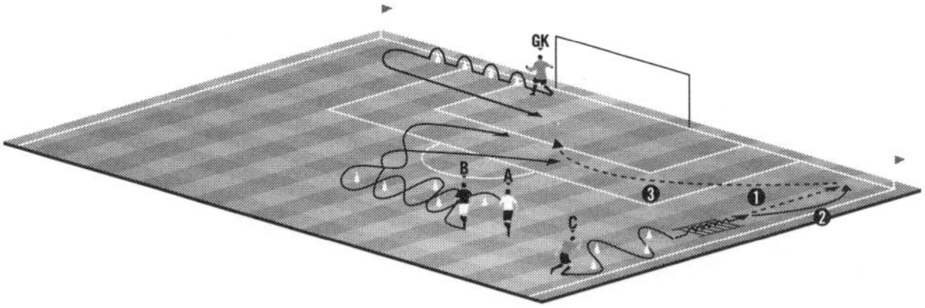

攻撃側は中央のAとB、そしてサイドのC。AとBはマーカーをジグザグに走り、フェイントなどを入れながらペナルティボックスに侵入。サイドのCはジグザグステップの後、ラダーを超えてからボールをワンタッチで深いスペースへ入れる。そこに自ら走りこみダイレクトでクロス。そのボールにAとBが飛び込みフィニッシュを狙うという練習。ゴールキーパーは両足ジャンプでコーンを超えたあとポジショニングし、クロスに備える。合図によって全員が一斉にスタートし、それぞれが激しく動いた後、いかに正確なプレーを実現できるかが求められる。セルティックで行われているメニューのひとつだ。

KEYPOINT

01 | 攻撃側は強く大きな動き、走りで敵を惑わせながら正確に動く
02 | 攻撃側はダイレクトクロス、ダイレクトシュートを心がける
03 | AとBはCの動きをしっかり見て、正確なタイミングでフィニッシュへと持っていく

PRACTICE-07

CROSSING

クロス

クロスの攻撃が、チームの強さを左右する

サッカー王国ブラジルの代表は、サイドバックをからめたサイド攻撃が伝統的に優れている。左右の両サイドバックには常に攻撃センスに溢れた選手を置き、敵ゴール脇の深いエリアで危険なクロスをあげる戦術を好む。自陣ゴール付近から既に攻撃のイメージを全員が共有し、中央の選手とサイドの選手が連携。連動性あるパス回しとドリブルで、クロスからフィニッシュへと持っていってしまうのだ。パスをさばく選手、ドリブルをする選手だけでなく、クロスからのフィニッシュをイメージしているからこそ、全員がオフ・ザ・ボールの有効な動きができるのだ。理想的なクロスからの攻撃は、全員のタイミングが必要不可欠なのである。強いプロクラブや代表チームは、右図のようなトレーニングで何週間もかけてクロスとフィニッシュの精度をあげていくのだ。

PRACTICE

The Drills

クロスとフィニッシュを極めるドリル集

1 4 vs 0
4 対 0

RUN ―
PASS - -
DRIBBLE

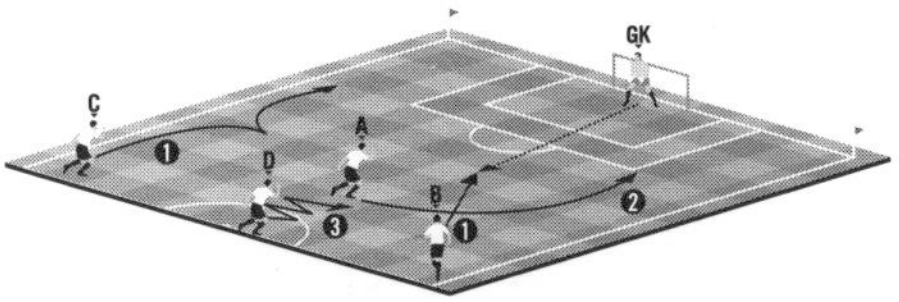

ゴールキーパーが B か C にパスでスタート。B がボールを受けたら中央へシュートに行くつもりでトラップ。A はスピードアップし B のすぐ後ろをオーバーラップ。C は中へのフェイントを入れた後深いスペースへ。そこから D も攻撃参加しクロスからフィニッシュを狙う。

▶▶

2

RUN ―
PASS - -
DRIBBLE

A: ゴールキーパーがいやがる入り方をする
B: パスを出した後、フェイントを入れ前進
C:A,B,D の 3 つのオプションを正しく選択
D: ペナルティボックスに入らずマイナスのパスに対しダイレクトシュートの準備

▶▶

3

RUN ―
PASS - -
DRIBBLE

▶▶

A: ゴールキーパーの懐に入りプレッシャーをかける
B: 回り込んでペナルティボックス脇へ接近
C: 中の動きを見てクロス
D: ペナルティボックス前で準備

4

RUN ―
PASS - -
DRIBBLE

▶▶

B: ダイレクトでシュート
C: クロスの後、こぼれ球に反応できる位置へ移動。こぼれ球を A が拾った場合、A からのボールを D へ
D: ペナルティボックスに入らず、マイナスのパスに対しダイレクトシュートの準備

PRACTICE-08

MOVEMENT OFF THE BALL

オフ・ザ・ボールの動き

試合のなかでボールを持つ時間はそう多くない

ボールのないところでどう動くか。日本の選手に最も重要性を理解してもらいたいテクニックだと言えるだろう。ボールを使ったテクニックに時間を費やしてきた日本の選手は、1つ1つのテクニックがとても上手い。ナイキ・エリートトレーニングでも本当に沢山のテクニシャンを見てきた。ところがサッカーはボールを持っている時間より圧倒的に持っていない時間の方が長い。こう考えると、ボールを使った技術練習ばかりでは、バランスが悪いことに気づくだろう。

ボールを持っている時と同じように、オフ・ザ・ボールの時にもフェイントが必要だ。ボールをどこに運ぶかを考えるように自分がいつどこに動き出すかを、ボールのない時に狙っていなければならないのである。

たった1つのプレーにも複数のプレーヤーが関係している。ボールを持った選手だけでなく、その他の選手がいかに良いオフ・ザ・ボールの動きをするかで、全体のプレーの質が変わってくる。敵が存在しないサッカーはあり得ない。全員がオフ・ザ・ボールの動きを磨くことが攻撃のレベルを格段にアップさせるのだ。

イングランド・プレミアリーグのアーセナルで活躍するロシア人、アンドレイ・アルシャーヴィン。持ち前のスタミナ、スピードに加え、小刻みに方向転換を重ねて敵を惑わす動きも特徴的だ。中央からサイド、そして中央と目まぐるしく移動するそのひとつひとつの動きの前には絶妙なフェイントが入り、効果的なオフ・ザ・ボールでの動きを実践している1人。

PRACTICE

Creating Spaces

オフ・ザ・ボールの動きによってつくるスペース

1 「スペースを利用する」とはどういうことか？

RUN —
PASS - -

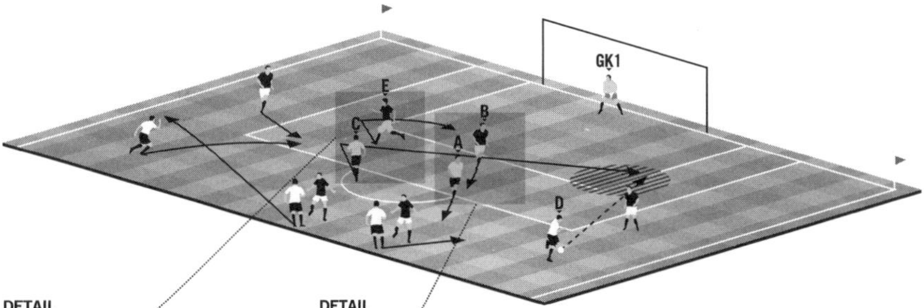

DETAIL

DETAIL

D が持っているボールに対し A は迎えにいくような動き。それに連れて B が一旦あがる。 C は一旦外に開くフェイントを入れた後、内側のスペースに入る。 E はCのフェイントにつられて一瞬、 C をつかまえる動きが鈍る。その後 B が空けたスペースを C が狙い、そこに走りこんだ C に D がパスをだすというケース。どのスペースをどう開けていくか。複数の選手が連動すればこうしてチャンスは生まれる。この時、重要なのは C のフェイント。これがなければせっかく A が開けたスペースに、 E も入り込むことになってしまう。スペースを開けるだけでなく、マークを外してから走りこむことも重要なのだ。常にピッチ上に複数のトライアングルを作り、スピーディなパス回しを武器とするアーセナル。彼らがスムーズにプレーできる理由は、こうしたオフ・ザ・ボールの動きを全員が理解し、ボールを受ける前に確実に自分のマークを外すことができているからだ。

PRACTICE-09

GOALKEEPER

ゴールキーパーのための上達法

練習前の準備が大切だ

日本の中高生 GK 達に対して、GK コーチが少ないことは大きな問題だろう。だからといって上達できないわけではない。正しい練習法を知っておけば、確実に上達することができるのだ。

まずは GK とはどんなポジションかをあらためて考えてみたい。

- ミスが即、失点に繋がる
- 守備の最後であり、攻撃の最初となる
- チームのミスを修正し、自分のミスも修正しなければならない
- 視野が広くなくてはならない
- 戦い方を知っていて常にそれを味方に伝えていく能力が必要
- 最高のプレーをするのが当たり前
- 恥をかくのを恐れたり、弱気な選手は向いていない。むしろ少しクレイジーなほどの強気がいい

このように誰でもできるポジションではないからこそ、GK 達はプライドを持っていてほしい。そしてグラウンドの隅でなく、守るべきゴールを使ってトレーニングをしてほしい。

ここからは練習前にしておきたい準備について紹介していく。これらを準備して初めて GK らしく見せることができる。人に言われるのでなく、自分からこうした準備をすることで GK らしい責任感とプライドを示すことができる。

[情熱の準備]
- このポジションをこよなく愛すること
- 強い気持ちを持つこと

[用具の準備]
- ロングパンツ（モモ、膝、スネなどの保護）
- ２ペアの **GK** グローブ（試合と練習用）
- テーピング（指の保護）
- スパイク（フットワークの質を下げないもの）

[練習前 30 分の身体の準備]
- 指立て
- 拳立て
- ボールを使ってストレッチ
- 懸垂

STORIES

GK's Equipments

ゴールキーパーの準備

FC バルセロナの正 GK を努めるビクトール・バルテスは、技術、メンタル、フィジカル全てにおいて、ワールドクラスのレベル。危険な場面では積極的に飛び出し、1 対 1 のピンチになっても冷静さを失わない。チームが停滞した時、後方から飛ばすゲキも、的確なアドバイスを含んだ有効なものだ。

そんな超一流の選手から学べるのはプレーだけではない。装備や準備にもエリートならではの完成された形がある。写真を見てほしい。たとえ芝生のグラウンドでトレーニングができるバルテスでさえ、このような装備だ。膝がサポートされたロングパンツは必要不可欠。この装備でないと 100%の力で練習に臨めないことを知っているからだ。

Warm Up×4 GK のウォームアップ

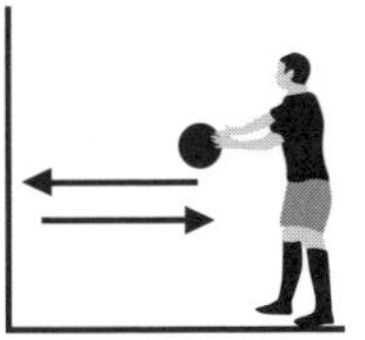

壁に向かってボールをパス。跳ね返ってきたボールを正確にキャッチ

壁に向かって上方からボールをパス。ワンバウンドしたボールを正確にキャッチ

ジャンプして壁にボールをパス。ジャンプしたままボールを正確にキャッチ

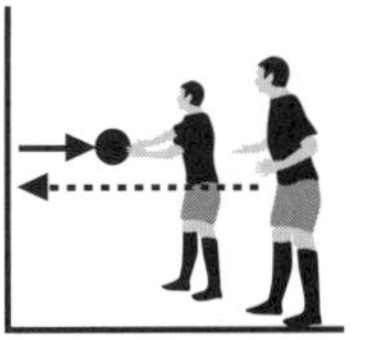

自分の後ろにいる人が壁にボールをパス。跳ね返ってきたボールを正確にキャッチ

PRACTICE-09

GOAL KEEPER

ゴールキーパーの上達法

基礎技術をあらためて認識する

GKの基本技術はフィールド選手よりも種類が多いと言っていい。これらの技術一つ一つを修得しなくてはならないのはもちろんだが、多くの問題は、かなり遅いスピードでこの基礎練習を行っていること。試合では、基礎技術が原因となったミスが実に多い。こうしたミスを無くすためにはボールスピードにこだわった練習が必要だ。ナイキ・エリートトレーニングでは、時に選手達が驚いてしまうほど速いスピードで練習をすることもある。当然、ミスも増えるが、そのミスを修正していくことのほうがよりリアルな練習となっていくのである。

ここからはスピーディなテンポの中で身につけるべき基礎技術をあらためて紹介していく。

01 声

大きく、ハッキリ、細かく。今何をすべきかを全員に準備させる。そして自分の存在感を出す。相手の脅威になる。

02 シュートブロック

ボールを身体の正面でキャッチすればミスがあっても身体に当たって防げる。足のステップは常にボールの正面に行くように。

03 キャッチング

浮き球はキャッチした後ボールを地面につけない。ショートバウンドボールはキャッチの際に地面に押さえる。ゴロパスはボールの下に手が入りすぎないように。そして、ダイブの際にヒジが地面に付いてしまわないこと（脇が地面につくように）。起き上がる際の足の使い方にこだわる（次の動きへのスピード）。

04 スローイング

すぐに味方にボールを預けてしまわず、自分から攻撃を始める意識でスロー。受け手が次のプレーをしやすいようなパス。これらを左右どちらでも投げられるように。

05 キック

ハーフウェイまで確実に届くボールを蹴られるように。中央を避けたサイド方向へのキック（カウンターアタック対策）。ライナー性（上でなく前へ）のボレーキックによるパス。

06 フットワーク

次のプレーに対して最大のパフォーマンスを発揮するために重要な、下半身の安定。かかとをつけてひきずらない。

07 パンチング

遠くにはじくパンチングと、クロスを流すようにはじくパンチングの使い分け。上半身の安定を確認。両手、片手それぞれでのパンチング練習。

PRACTICE

The Drills

ゴールキーパーの技術を磨くドリル集

1 BASIC
基本

RUN —
PASS - -
DRIBBLE ⺌

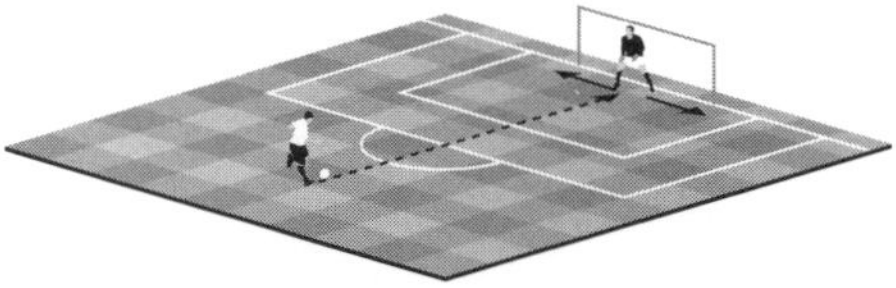

2人組になり5m離れる。シュートとキャッチを繰り返す。シュートはフルパワー、キャッチの後、必ずボールを胸にひきつけること。

2 REACTION
ふりむきざまのキャッチ

RUN —
PASS - -
DRIBBLE ⺌

スタート時は後ろ向きにGKがかまえ、振りむいた直後、7mの距離からシュートを受ける。シュートはフルパワー。慣れてきたらFW役をつけてこぼれ球に対応させる。

3 DIFFERENT ANGLE
角度のあるシュート対応

RUN —
PASS - -
DRIBBLE ⺌

角度のついた位置からファーを狙ったシュートの対応。真横にダイブすると死角ができるため、できるだけボールに向かっていくダイブを目指す。キャッチできない時は敵とは逆方向へ確実なパンチを。

4 1vs1
1対1

RUN —
PASS - -
DRIBBLE ⺌

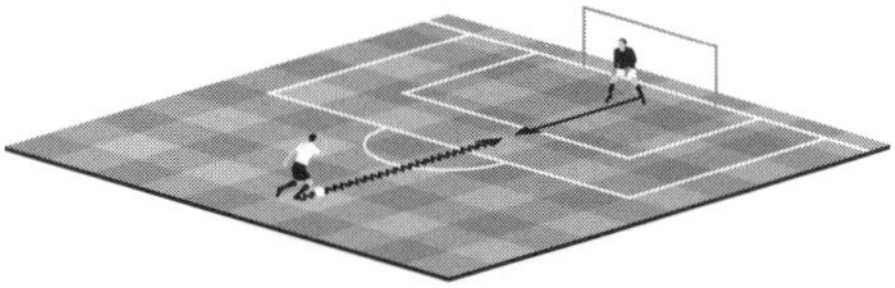

FWとの1対1。ペナルティボックス外からドリブル。ドリブルは前方へのみ可能。GKは100%止められる時以外は飛び込まないよう練習。

KEYPOINT

100%キャッチ出来る時以外は、絶対に飛び込まないこと

PRACTICE-09

GOALKEEPER

ゴールキーパーのための上達法

プロの世界には教科書に載らないGKの鉄則がある。いくつかあげておこう。

「ボールが自分から離れれば離れるほど、集中力は高めていくべき」

「相手セットプレーに対する配置は全て、GKの指揮で行う」

「GKの守備範囲はペナルティエリアを越えていなければならない」

「ポジショニングにおけるたった一歩の調整こそ、練習で行わなければならない」

「守備の最後の選手でありながら、攻撃の最初の選手である」

「大きい声は余計な雑念を取り払う良い効果をもたらす」

「試合の前にピッチ状態や天候を必ずチェックする」

「ゴールエリアは自分の部屋である。勝手に土足で入られてはならない」

PRACTICE

The Drills

ハイボールへの対応を磨く

1 High Ball Reaction
ハイボールへの対応

PASS - -

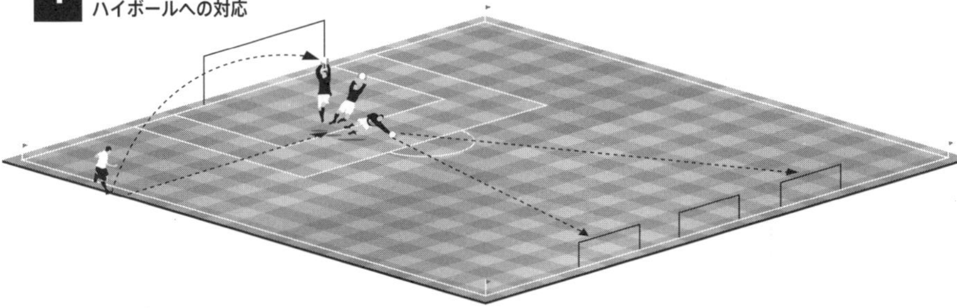

ハイボールの対応は、きちんと時間をとって取り組みたい。中でもセンタリングに対する処理は非常に重要だ。ゴール脇からセンタリングのイメージでボールを入れてもらう。高いボール、中くらいのボール、低いボールと高さを分けて練習するのがコツ。そしてボールをキャッチしたら、前方のミニゴールへキックでボールを正確にフィードする。最初は手でボールを投げ入れてもらう。次に逆サイドからの対応を行い、慣れてきたらキックによるボールへと内容を変えていく。FC バルセロナの GK バルテスが見せるような、スピーディで正確なフィードはこうしたトレーニングで磨くことができる。

2 Building Up From GK
GK からのビルドアップ

RUN —
PASS - -

敵 2 人、味方 4 人と GK を配置。敵から打たれたシュートを GK がキャッチ。その後、正確かつスピーディにビルドアップ。最終的には前方のミニゴールへボールを入れる。ボールをフィード後、GK はバックパスへの対応を忘れずに。その際、ゴールマウスに向かってバックパスが出ないよう位置を修正する（3 の動き）のがポイント。

SMALL SIDED GAMES

スモールサイド・ゲーム

ストリートサッカーの精神

現在のサッカースクールや中学校や高校では、ミニゲームを行うことで子供の頃、道端でボールを蹴っていたような感覚を取り戻している。欧州の各国では子どもたちが毎日、ミニゲームを行っている。ジャケットやバッグでゴールを作って、ひたすらゲーム。もちろんコーチはいないしルールもない。車通りの多いコンクリートの道の上でプレーをするなんて当たり前の光景だ。

このミニゲームは育成年代にとってもプロにとっても、とても大切なものだ。なぜミニゲームが大切なのか。以下にその理由を挙げてみた。

01. フルコートの時よりボールに触れる、関わる回数が多い
02. 素早い判断を必要とする回数が多いので、試合を読むことに慣れる
03. 狭い分、プレッシャーの中でのプレーに慣れる
04. コーチからのより細かい指示を受けることができる
05. シュート、パス、ディフェンスなど、その日の練習のテーマにそって実践することができる
06. 攻守の切り替えが頻繁に起こるので、速い切り替えの練習になる
07. サッカーに適した瞬発力や爆発的な動きを身につけることができる
08.11VS11 の試合を理解するにあたって 4VS4 は必要最低限の人数である
09. シュートチャンスが多くなる
10. うまくいかなかったことの修正がしやすい

コーチがいないミニゲームにおいて、以下にちょっとしたアドバイスを列記しておこう。こうしたことを意識するだけでミニゲームは確実にレベルアップの道を切り開いてくれるはずだ。

01. ゴールキーパーを必ずつけて、フルサイズのゴールマウスを使用する
02. センタリングや守備の練習のために、なるべく横幅はフルに使う
03. 狭いスペースを使ってパス回しをする。プレッシャーの中で速いテンポと速いボールスピードでゲームを行う
04. 戦術や技術的なテーマを設けるならフィールドを少し広めにとる
05. あくまでも勝負にこだわる

PRACTICE

Spirit Of Street Football

ミニゲームにテーマを設定するために

1 4vs4
4対4

RUN —
PASS - -
DRIBBLE

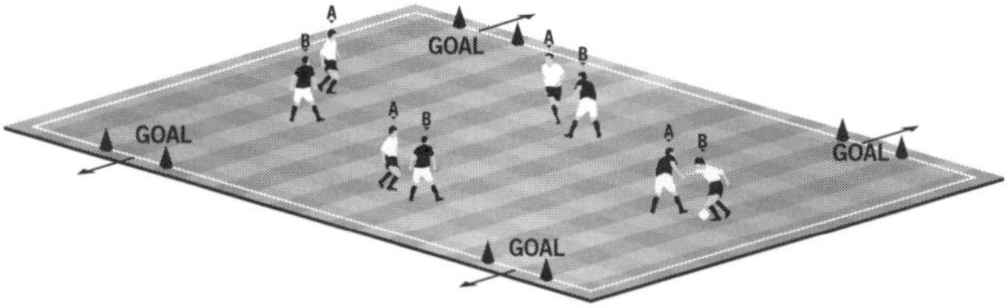

ミニゲームの基本は4対4のパターン。この人数さえ揃えば様々なトレーニングを行える。FCバルセロナユースコーチが来日した時、こんなことを言っていた。「サッカーにおいて大切なのはピッチの深さと幅をどう使うか。これを磨くには、4対4という人数のミニゲームが最適だ」。例えば、図のようにゴールを設定すれば、さらにテーマを設けることもできる。サイドチェンジやパスに回数やエリアのルールを設定すると、様々な技術の復習、鍛錬となるはずだ。ボールスピードと、勝ちへのこだわりを忘れずに、自分たちでルールを決めて取り組んでみてほしい。

PRACTICE-11

COOL DOWN

クールダウン

クールダウンはテンポを落とす時間

疲労を残さないためにもクールダウンは重要だ。ウォーミングアップでは徐々にテンポを上げてゲームテンポに持っていった。逆にクールダウンでは「ゲームテンポから徐々にペースを落としていく」のがコツだ。クールダウンの初めはある程度のテンポでシュート練習や、楽しめるミニゲームを行っても良いだろう。徐々にテンポを落としていく際にはジョギングやサイドステップなどを行い、最後には止まった状態でゆっくりストレッチなどをしてフィニッシュ。テンポを落とすことに集中して、疲労を残さないようにしておきたい。練習の前、練習中に頭を使って考えたように、練習後も頭を使って今日の復習をすることを忘れずに。

Chapter 03

TACTICS

フットボーラーに必要な基礎知識

P104-P109

FORMATION

フォーメーションを知る

基礎技術をあらためて認識する

4-4-2 の戦い方

4-4-2 は、現在のサッカーで最も使われているフォーメーションだ。たとえばイングランド・プレミアリーグの 20 チーム中 12 チームは 4-4-2 を使い、その他のチームでもその変形型を使っているほど。

4-4-2 では、サイドハーフが駆けあがることで相手のディフェンスが外に引き出され、中に大きなスペースを作りだすことができる非常に多様で攻撃的なフォーメーションだ。オーバーラップをすることができれば、攻撃時に一瞬で 2-4-4 になることができる。

4-4-2 の攻撃スタイル

4-4-2 の特徴は、フィールドを広く使うことでディフェンスを引き出し、穴をつくることだ。中から外へと繰り返しボールを動かすことで、4-4-2 の長所が生かされる。

4-4-2 が 3-5-2 と戦うとき

4-4-2 を中盤で封じるためによく出くわすのが 3-5-2 だ。3-5-2 では中盤が強くなるが、ディフェンスに穴ができる。守備は 3 人で行わなければならないので、中に絞らなければならない。この事で、サイドバックの後ろにスペースができ、4-4-2 のサイドハーフの選手が上がりやすくなる。そのため、敵のサイドハーフは長距離を走って守備に戻ってこなければならない。敵の疲れ具合をよく見ておくといい。もし交代なしで続けていたら、後半や試合終盤に運動量が必ず落ちるだろう。

4-4-2 が 3-5-2 を破る時に有効な方法は、トップの二人が外に向かって走ることだ。常に敵のサイドバックの裏を狙うように走ると必ず中に穴があき、シュートチャンスが生まれる。

4-4-2 が 4-3-3 と戦うとき

4-4-2 が次に出くわしやすいのは 4-3-3 だ。攻撃的なチームは高い位置からプレッシャーをかけたいのでこれを使ってくる。相手のフォワードが 3 人いるので、センターバックの一人がカバーの位置にいるのではなくマークにつかなければならない。それゆえにゾーンディフェンスが崩されてしまう。その対処法としては、センターバックの一人をスイーパーという役割につかせる事だ。4 人のディフェンスが 3 人のフォワードによってカウンターを受けたら大変なことになる。しかし、スイーパーを置く事によって、他の 3 人がマンツーマンで 3 人のフォワードにつき、スイーパーが常に自由な状態を保ちながらミスをカバーできるのだ。一方、中盤では敵よりも数的有利なので、常にカウンターを狙えばチャンスは訪れる。

1 4-4-2

中盤の底は 1 人が攻撃、もう 1 人が守備の役割を担うことが多い。ディフェンスラインはフラットに 4 人並ぶのがノーマル

2 4-3-3

前線の 3 人はフラットに並んだり、サイドの 2 人がやや開いて下がったりというバリエーションをつけられる

3 4-5-1

中盤の 5 人がフラットに並ぶケースは少ない。中盤が厚いため、このエリアで敵の攻撃を抑えやすいメリットが大きい

4 3-6-1

前線は 1 人だが、中盤からの多彩な攻撃参加を見込めるため、攻撃のバリエーションがつけやすい

5 3-5-2

攻撃的な側面もあるが、中盤ワイドの 2 人が下がれば 5 人のディフェンスラインとなり、守備的布陣に変化しやすい

6 5-2-3

守備重視ではあるが、中盤を省略して前線へボールを供給するシンプルな攻撃も可能

TACITICS-02

THE ROLE

ポジション毎の役割

役割以上の仕事をどれだけ行えるか？

ピッチ上には 11 人。そのそれぞれがポジション毎の役割をまっとうしなければ、チームとして機能することはない。それぞれのポジションで自分の役割をきちんと認識し、その役割をこなしたうえで、それ以上の動きをどれだけ試合中に見せられるか。 11 人それぞれが役割以上の仕事をこなしてチームに貢献できたなら、そこにはきっと勝利があるはずだ。右に挙げたのはバルセロナ FC の育成組織でリストアップされている項目をトータルフットボールがアレンジしてまとめたもの。ポジション毎に与えられた基本的な役割と求められる能力をシンプルにまとめたものだ。あらためてしっかり認識しておきたい。

1 GOAL KEEPER
ゴールキーパー

・リーダーシップ
・試合を読む優秀な能力
・高い集中力
・キックの精度
・1 対 1 の場面での高い守備力

2 CENTER BACK
センターバック

・高い集中力
・守備のカバー力
・1 対 1 の場面での高い守備力
・空中戦での強さ
・レベルの高いロングパス
・ゲームを読む力
・高い理解力、知覚力

3 SIDE BACK
サイドバック

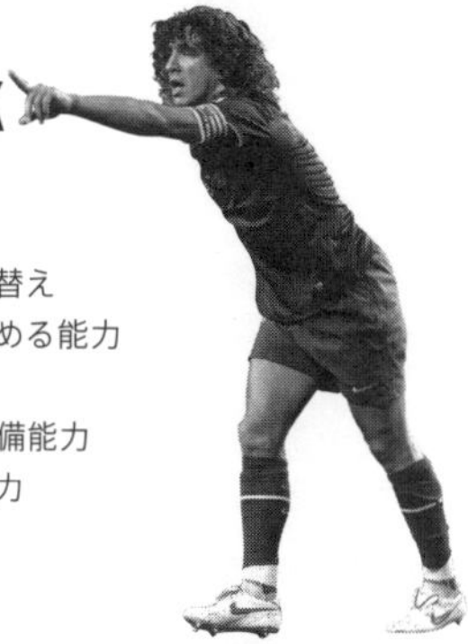

・攻守交代の早い切り替え
・守備を犠牲にして攻める能力
・センタリングの能力
・1 対 1 の場面での守備能力
・オーバーラップの能力
・判断力

4 MID FIELDER
ミッドフィルダー

・ボールを扱う高い技術力
・試合を読む能力
・高い判断力
・俊敏な攻撃参加
・俊敏な守備参加
・高いシュートの能力

5 WINGER
ウイング

・様々な種類のスピード
・1 対 1 での高い突破力
・センタリングの能力
・高いシュート力
・持久力

6 FORWARD
フォワード

・一瞬のスピード
・1 対 1 での高い突破力
・点を取る技術
・両足の高い技術
・前線での守備力

CORRECTION

ミスをしたら修正を

あるミスを犯したら、どのような結果になり、どのような修正が必要かを表にまとめた。
練習の参考にしてほしい。

ミス	ミスの結果	修正
ボールが足から離れてしまう	コントロールを失う	ステップごとにボールを触るようにする
ボールしか見ない	他の選手と衝突したりパスに間に合わない	視野を拡げて次のプレーを予測する
ドリブルに種類がない	相手にボールを奪われやすくなる	スピードと方向を変える
片足でしかドリブルしない	相手に簡単にボールを奪われてしまう	両足ドリブルを練習する
ボールをキープできない	相手に簡単にボールを奪われてしまう	手を使い相手から遠い足でボールを扱う
早いドリブルだけどボールが遠い	相手に簡単に体を入れられて奪われる	遅くてもボールを自分に近いところでドリブル
相手に近いところでドリブルする	相手を抜くことができない	相手に向かうのではなくその隣のスペースに
相手から遠いところでゆっくりフェイントする	相手はひっかからない	相手との距離を縮めて早いフェイントを練習
立ち止ったままのフェイント	抜いてもまた止まってしまう	走りながらのフェイントやスピードに緩急をつける
同じ方向にフェイントをかける	相手に読まれる	フェイントは必ず両足でできるように練習する
フェイントのあとが遅い	相手に追いつかれてしまう	フェイント後の一歩を速くして相手のコースに入る
足の間違った部分を使う	パスが目的地からずれる	インサイド全体に当てるようにする
足首が固定していない	パワーも正確性もない	つま先をあげて足首を固定し、インサイドで打つ
パスした足をその場におろす	パワーも正確性もない	蹴った足は振り切る
軸足がパスを出す方向からずれている	正確なパスが届かない	パスを出す方向に軸足は向いているべき
つま先がボールの下に入りすぎる	ボールが浮いてしまう	シュート打った足で走り出すような姿勢をとり、体がボールにかぶさっているようにする
パスが受け手よりも後ろにいってしまう	受け手のスピードが落ちたりパスミスになる	受け手の動きをしっかり見る
パスした人がそのまま立っている	次の行動が遅い	パスしたら必ず動く
ミートした瞬間に足がそこで止まる	ボールに威力が伝わりきらない	打った足はかならず振り切る
シュート判断が悪い	枠をとらえない	迷わず空いているスペースめがけて打つ

ミス	ミスの結果	修正
足の振り上げが足りない	パワーに欠ける	30度以上は振り上げてから打つようにする
足の振り上げが足りない	打つ際にボールの上のほうをとらえてしまう	軸足はボールの真横もしくはななめ後ろに置く
ボールを待ってしまう	相手に先に触られる	ボールがくる前に迎えに行く
ボールの勢いを吸収できない	ボールがどこかへ行ってしまう	力を抜いて引きつける
トラップする足が地面にべったり付いている	ボールが足の上を転がっていく	足と地面は若干あけておく
浮き玉を止めて処理してしまうと時間を失う	相手がつめてくる	トラップとともにボールも持っていく
もらう前のフェイントの動きをしない	相手に先に触られる	必ずもらう前にもフェイントをいれるようにする
ボールをキープできない	相手に奪われる	ボールと相手の間に体を入れる
開くトラップをしない	後ろに戻すパスしかできない	攻撃の雰囲気が出るようトラップで前を向く（開く）
蹴る瞬間に目を閉じている	正確な場所にボールが当たらない	できるだけ長い間目はあけている
ボールを見ない	タイミングを間違える	常にボールから目を離さない
目線を下げてジャンプヘッドに行く	頭の上でボールをとらえてしまう	ジャンプ中にきちんと体を反る
ヘッドでのボールが真上にいってしまう	正確性がない	きちんとおでこに当てて下向きに打つ
ボールを待ってしまう	相手に先に触られる	最も高い位置でボールをとらえれるようタイミングをはかる
両足でジャンプする	あまり高く跳べない	走りこみ片足でジャンプする
逆足で踏みこんでジャンプしてしまう	パワーも正確性も失う	右を狙うなら左足で踏み込む。逆も同様
直線で突っ込んでいく	抜かれた時の反転が遅くなる	常に半身で中を切る
躊躇してしまう	ゴールに近い場所から守備を始めなければならない	寄せは速くし、早めにオフェンスを迎える
相手を見すぎる	フェイントにひっかかる	ボールだけを見る
相手から距離をとりすぎる	前を向かせたりシュートを打たせてしまう	接触しない程度に近づいてボールだけを見る
相手の真後ろに立つ	インターセプトができない	相手の斜め後ろの内側にポジションをとる

TACTICS-09

BEFORE AND AFTER THE GAME

ゲームの前と後に

試合への入り方で、プレーの質も変わってしまう

試合１週間前のトレーニングが試合とかけ離れた緩いテンポの練習であったら、当然これに身体は慣れてしまう。実際の試合がとても速く激しいことは言わずもがなだ。試合の前は、身体も頭も試合のペースに慣れていることが重要。例えば切り替えのスピードがとても速いミニゲーム、パワーやスピードを中心に行う体力トレーニング。試合前１週間の始まりは、このようなイメージでスタートするべきではないか。

一週間のなかごろは、チームの形や動きをしっかりと把握するトレーニングに努めたい。チーム戦術（ショートパスで攻めるのか、カウンターアタックを狙うのか、前回の反省を活かしたトレーニング、セットプレーなどを行うのか）の確認作業。11対11で実際のフォーメーションを作り、ミニゲームや５対５などで少し楽しむことを意識するのもいい。試合前日は、身体の動きを確かめ、ゆっくりと休むことも心がけたい。

さらに、試合直前はメンタルの準備が重要だ。あのディエゴ・マラドーナはウォーミングアップで見事なリフティングを披露し、敵チームとの心理ゲームを行っていた。試合前、そんな光景を見た敵チームは嫌な思いを持ちながらキックオフを迎えてしまった、という例があるほどだ。

ストライカーは自分のゴールシーンをイメージする。どのような動きで、どのような球種でゴールを決めるのか。時にはその後のゴールパフォーマンスだってイメージしておくと良い。自分のやるべきことに集中して、自分の自信をマックス値に持っていかなければならない。

そして当日の朝、ウェアやスネ当てをバッグに入れる時、試合でのプレーをイメージすることは、試合の内容に良い影響があると科学的にも言われているのだ。

試合会場で、試合直前の時間は極限まで集中力を上げる。チーム全員がいい緊張感を持つべき、大事な時間帯。そしてピッチへ。まずピッチに立ったら落ち着いて天候、風向きなどはチェックしたい。ピッチの広さや芝の状態などもしっかり確認しておくことだ。こうした時間に冷静さを思い出し、ほどよい緊張感とともに試合への準備ができてくるはずだ。

そして試合の後。遅くても翌日には、試合で何が起きたかを理解、記録し、分析するのが大事だ。良い試合でも、調子の悪かった試合でも、自分のプレーに対して正直になれれば、必ずその試合から多くのことを学ぶことができるのだ

Chapter 04

OTHER DRILLS

そのほかのドリル集

P112-P113

MINI GAME

ミニゲーム

少しでも時間ができたら、すぐにチャレンジできるミニゲーム集

1 Wingers Channel
ウインガーズ・チャネル

横幅はフルコートのサイズ。縦は人数に合わせて15~20m程度。左右のエリアに8m程度のフリーゾーンを設け、ここでボールを受けたら敵はこのエリアに入れないというルール。このフリーゾーンからどんどんクロスボールを入れて攻めていく。クロスの場面をより多くつくり、攻撃の形を確認するのに有効だ。

2 United's Attacking Game
マンチェスター・ユナイテッドのアタックゲーム

縦長のコートで、前方に攻撃オプションを作るためのミニゲーム。横パス、または、後方へのパスを出したら必ず、前方へ走るというルール。これを全員が繰り返すことで常に前方へ味方選手が飛び出し、縦への攻撃の形を自然に確認することができる。前方へのパスを出した場合は、前方へ走らなくてもよい。

3 3 vs 3 vs 3
3対3対3

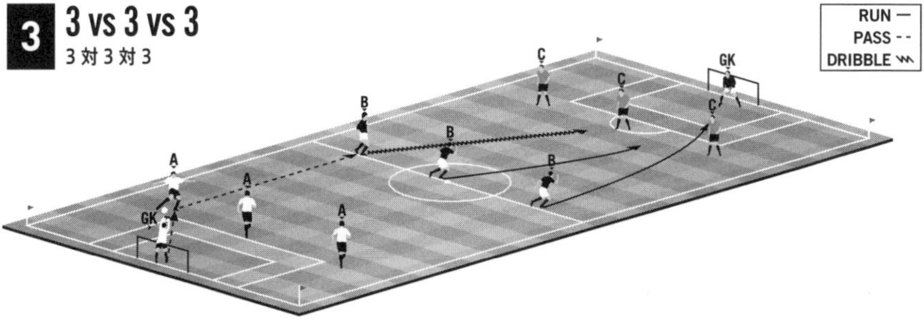

GKからのパスを受けたAのうちの1人がBのうちの1人へパス。ここからBの3人がC方向へ攻撃。ゴールが決まったらすぐにその逆を行い、CからBへパスの後、BはA方向へ攻撃。BからC方向への攻撃でCの守備にボールがかかったら、BとCが入れ替わる。全ての動きを素早く行うことで、切り替えの速さを身につけるのが目的。

4 Window
ウインドウ

エリアの外と内に分かれパス回し。外の選手は中の選手の誰かとアイコンタクト、合図などでコミュニケーションした後、パスを出す。エリア内の選手がボールを受けたらすぐ外の選手にリターン。またエリアの中心部へ戻る。複数の選手がいるのでコミュニケーションを取らないとパスが2人からきてしまったりするので注意。次のパスは誰からもらって、誰へ出すのかの判断を磨きながら、正確なパスを実践していく。30秒でエリア内と外の選手を入れかえ。攻守の切り替えをイメージして迅速に。

Epilogue

ゲームこそがティーチャーである

"Let the Game be the Teacher"

この言葉は、イングランドサッカー協会によるものであり、日本の育成年代の選手やそのコーチ達には是非考えてもらいたいことです。サッカーはコーチが選手の考えを決めてしまう危険性が高いスポーツです。これは、バスケットボールや野球と違い、プレーを止めてコーチが指示を出す間がなく、ゲームを読み、選手が自分でどのようなプレーをするか決めて行動する必要があるからです。それゆえ、このサッカーというスポーツにとって最高の練習とは、「プレーすること」なのだと強く感じるのです。

私たち、トータルフットボールの様々な経験と分析から、日本の選手達は技術そのもののレベルは高く、動きも鋭く、身体のバランスもいいことが分かっています。また、やる気があって、真面目に取り組み、チームとしてもよく統率されているケースは非常に多いのです。

一方で「ゲームを読む力」「技術の正しい使い道（いつ・どこ）」「勝負へのこだわり」「練習のテンポとボールのスピード」などはミニゲームを使い、より鍛えてほしい重要な課題として浮き彫りになりました。

組織のために個を犠牲にする文化もいろいろな場面で感じます。そこで大切なのは練習において自分自身の上達のために取り組むこと。このことが結果的にチーム（組織）の強化に繋がることを知ってほしいと願っています。

大事なことは、海外からの情報や意見を真似るのではなく、その中のエッセンスを理解、利用しながら、日本人は日本人としての長所を磨き、短所を改善していくことです。

この本は選手の上達に手助けとなるよう作りました。この本を毎日使うバッグに入れて、１ページでも 10 ページでも、電車でもどこでも、練習前でも後でも、読んでいてほしいと思います。確実に、普段の練習や試合において、上達や課題克服のヒントとして役だってくれるでしょう。

最高の自分になるためには、まず自分がナンバーワンの選手だと信じること。そして、失敗を恐れるのではなく失敗から学び、自らチャレンジし、積極的なサッカーを心がけてほしいと思います。

Leigh Manson
Total Football C.E.O.
リー・マンソン
トータルフットボール取締役

Author / **Leigh Manson** [Total Footbal]
Writer / **Naoto Kojima** [Total Footbal]
Jorge Kuriyama [Total Footbal]

Editor / **Hiroshi Utsunomiya** [Miguel.]

Art Director / **Masahiro Ito** [Park It Design]
Designer / **Aya Sato**

Translator / **Yuka Domichi** [Total Footbal]

Cooperation / **E-3**

Photo / **Getty Images**

Special Thanks / **NIKE JAPAN**

トップアスリート KAMIWAZA シリーズ

WORLD CLASS TRAINING BIBLE

ワールドクラス・トレーニング・バイブル

世界の強豪が取り入れる画期的サッカーの練習法

2010年9月6日　第1刷発行

著　者　リー・マンソン

発行者　持田克己

発行所　株式会社　講談社

〒112-8001

東京都文京区音羽 2-12-21

電　話　編集部　03(5395)3762

販売部　03(5395)4415

業務部　03(5395)3615

JOURNAL LABO
KODANSHA

印刷所　凸版印刷株式会社

製本所　大口製本印刷株式会社

ISBN978-4-06-295009-1 N.D.C.783 120p 21cm